U0553829

书画育人　纯善笃美

张计蕾　张勤凤◎著

华东师范大学出版社
·上海·

图书在版编目(CIP)数据

书画育人　纯善笃美/张计蕾，张勤凤著. —上海：华东师范大学出版社，2021
ISBN 978 - 7 - 5760 - 2005 - 2

Ⅰ. ①书…　Ⅱ. ①张…②张…　Ⅲ. ①美育—教学研究—小学　Ⅳ. ①G623.702

中国版本图书馆 CIP 数据核字(2021)第 146907 号

书画育人　纯善笃美

著　　者　张计蕾　张勤凤
责任编辑　王　焰(策划组稿)
　　　　　王国红(项目统筹)
特约审读　李芳怡　丁学玲　钱　洁
责任校对　黄　燕
装帧设计　卢晓红
封面图片　张计蕾　张勤凤

出版发行　华东师范大学出版社
社　　址　上海市中山北路 3663 号　邮编 200062
网　　址　www.ecnupress.com.cn
电　　话　021 - 60821666　行政传真 021 - 62572105
客服电话　021 - 62865537　门市(邮购)电话 021 - 62869887
地　　址　上海市中山北路 3663 号华东师范大学校内先锋路口
网　　店　http://hdsdcbs.tmall.com

印 刷 者　上海商务联西印刷有限公司
开　　本　787 × 1092　16 开
印　　张　10.75
字　　数　148 千字
版　　次　2021 年 9 月第 1 版
印　　次　2021 年 9 月第 1 次
书　　号　ISBN 978 - 7 - 5760 - 2005 - 2
定　　价　78.00 元

出 版 人　王　焰

目　录

序 1

美是纯洁道德、丰富精神的重要源泉。美育作为新时代人才培养目标的重要维度，是弘扬中华传统文化、提升学生素质和陶冶性情的重要载体，对于丰富想象力、培养创新能力、推动全面发展以及精神生活等，起着不可或缺的重要作用。

而当前小学审美教育，普遍存在将美育等同于艺术学科教育、知识技能教育和特长生培育的“小美育观”现象。美育实践呈现出个别化、零散化、片面化的弱势，保障运作泛化、低效。

华东师范大学附属紫竹小学以党的教育方针为指导，结合美育实施现状中的问题，以立德树人为根本，以社会主义核心价值观为引领，完善美育工作，将书画教育作为美育工作重要抓手，定位于“雅正立德，创艺树人”，用心培养“乐美紫儿”。创校十年间，学校遵循儿童认知逻辑，贴近儿童学习生活，不断摸索“大美育”的方略，确立了以提升学生素养为本的育人观，形成了“三个结合”指导下的“三全”美育教育实践，建构了“理念——目标——实践——保障”四级联动的育人体系。

具体而言，以书画文化育美课程建设为核心，以教学与评价为关键，以视、听环境建设为辅助，多方面协同育人，形成以弘扬传统文化为根基的校本课程，推行兼具渗透性与趣味化的审美教学，落实多维多元的审美评价，达成全员、全程和全方位的“三全”育美教育。通过专业师资配置、跨学科研修等实现教师育美能力发展；注重资源挖掘，形成育人环境；立足教育现代化，建立书画创新实验室，让保障系统成为审美素养培育的基本支撑。以书画为载体的美育教育的实施中，用“多维立体”的评价，激发学生“乐学奋进”的书画学习持续力和创造力，促使学生在学校书画教育的大氛围中，一笔一画写“人”字，丹青画“竹”敬大师；一刀一寸刻“心”印，翰墨凝“爱”创新诗。学生不仅掌握了书画印的相关知识与技巧，而且在过程中提升了品德与修养，沉浸于“心手双畅，形诸刀笔”的创造美的学习中；在传承传播优秀中华书画文化之旅中，从小建立起文化的自信。目前来看，书画育美在学校基础教育变革中已产生了良好的辐射效应和社会效应。

张计蕾

序 2

教育是直面人的生命，通过人的生命，为了人的生命质量的提高而进行的社会实践活动，是以人为本的社会中最体现生命关怀的一种事业。教育就是要通过“教天地人事”，培育师生的“生命自觉”；通过用大自然和人类文明的财富，丰富学生的精神世界，在教育中认识、读懂世界，进而学会生存、学会学习、提升创造能力与实践能力等。

——叶澜

2011 年春，华东师范大学附属紫竹小学筹建之际，叶澜教授的“新基础教育”研究团队在闵行实践推进。我校在创校规划中明确了“学校，让生命更灵动”的办学理念。在吴泾镇一片充满希望的绿色田野上，“建设一个开放而和谐的优质灵动校园”是我们首批创校者共同的愿景。我们撷取校园外“虹梅南路”中“虹”字的形象，外化出学校文化的精神表征。七彩虹是自然现象，其成因是风雨过后阳光折射。一道弧形之光幻化成缤纷的七彩，像通往心灵深处的桥梁，多么神奇而令人向往。教育是影响人成长的重要因素，教育者要有“谁执彩练当空舞”的自信，在“追真、向善、笃美”的事业中，成就师生最美的人生。作为“新基础教育基地校”，我们一直致力于生命教育的探索与实践。以英语 RAINBOW“虹”的七个字母，具体勾勒学校生活：R = Romantic 这是一个充满诗意，洋溢浪漫气息的校园；A = Affectionate 教师有火一般的热情；I = Innocent 拥有水晶般清澈透明的心；N = Nice 共同努力，追真、向善、笃美；B = Brave 为呵护灵动的生命，承担责任，勇于探索创新，无所畏惧；O = Optimistic 以乐观的气质；W = Warm-hearted 相互间始终能够尽可能地帮助别人，利他而成己。

校园里，天地自然之道与人事社会之道融为一体，滋养生命。教育，是最宜的生命关怀；生命，是教育所焕发的灿烂光彩。每一位师生，都能够通过“天地人事”的教与学，读懂自然，读懂世界；老师们要教会学生学会生存，学会创造，学会将宇宙空间和人类文明的一切财富，化为强大的精神力量和生命自觉。

十年来，我们坚持“为党育人，为国育才”，凝心聚力，探索新世纪面向未来的教育改革之路，逐渐将“新基础教育”等先进教育理念和经验，落实到日常的课堂与课程实践研究之中，逐步形成“天地人事育大爱，诗书画印传新韵”的可持续发展之态。

张计蕾

第一章
融天地人事，扬中华文明

一、教育基因

"为天地立心，为生民立命，为往圣继绝学，为万世开太平"——影响中国千年的横渠四句，以简练的语言表达了恢宏的意境，彰显了儒家的广阔胸怀，传统文化的基因影响了一代又一代中华儿女。

1. 中华精神：文化自信，并非只是浸润感染，更需要文化传播

中华文化源远流长、精神丰富。英国历史学家汤因比曾说，在人类近六千多年的发展史中，曾经出现过 26 个文明形态，只有中华文化长期延续从未间断。中华文化五千多年的发展，积淀了中华民族丰富的精神追求。饱含深情的爱国精神、仁者爱人的人本精神、天人合一的和合精神、有容乃大的兼容精神、厚德载物的伦理精神、经世致用的务实精神……这些精神，都是中华民族独特的精神标识，应融入每一个中华儿女的血液之中。

2014 年 2 月，习近平总书记在中共中央政治局第十三次集体学习时讲到：不忘本来才能开辟未来，善于继承才能更好创新。文化是一个民族在长期历史发展中不断传承积累而来的，它凝聚着民族智慧、精神追求、道德规范、价值信仰、审美情趣。文化是民族基因，没有文化的弘扬，国将根基不牢；文化是人的精神命脉，根植人心，潜移默化地影响着人的思想

和行动。若没有高尚文化的滋养，人类将走向“空心病”，生活寡淡，可能还会导致一系列的精神问题。

“文化”的熏习，“精神”的塑造，越是自然，越是早期，越是综合，越是平易，越能起到事半功倍的效能。中国书画能艺术地融合文史哲等传统文化的诸多要素，且位于部编教材之列。它以黑白醒目、笔走龙蛇、形象生动、色彩耀眼的本体特征，吸引眼目，引来观者情绪的互动、思想的回应，可提升学习者和欣赏者的文化水准、艺术水平。唐代书法理论家孙过庭认为：修身为本，学书为末，德行是翰墨之基。如何挖掘学科中的中国书画育人元素，以更为集中而有效的方式育人，且直抵学生心灵，以文化人？

中国传统文化素来注重习与智长，化为心成。于是，构建富含传统文化内涵，彰显学生灵动创作的学校书画文化育美课程，让孩子们透过作品展示传递、传播优秀文化就成了我校“丰富文化记忆，增进文化理解，砥砺精神品质，提升文化自信”的美育课程的初心。

2. 学校办学：强师优生，并非只要优质均衡，更需要特色发展

“十二五”规划的开局之年，我校隆重开办。站在全新的起点上，肩负华东师范大学、闵行区政府和紫竹国家高新区各方及家长的重托，以走向教育强区的远景目标为指引，学校新组建的教师团队精诚合作，不断探索和实践。办学十年，学校注重内涵发展，全面落实“五维育人”：文教结合、艺教结合、体教结合、科教结合和医教结合，成为了优质均衡发展的区域强校。

作为闵行引进到吴泾教育区域中的华东师大附属小学，我们清晰地认识到，不能停留于“保基本、显优质”，更要着力于“创特色、树品牌”。因而，学校两轮五年创建规划中，都提出了强师优生的要求。目前，学校是全国足球联盟校、全国冰雪项目特色校、上海市书法教育示范学校、区艺术联盟校、学校少年宫联盟校……其间，学校美育教育正在构建全方位育人体系，着力于提升教育教学质量，开掘学生发现美、创造美的潜能，充分

发展学生的独特个性。

如何让学校美育在全面贯彻党的教育方针、坚持立德树人、加强社会主义核心价值体系教育和完善中华优秀传统文化教育中发挥积极的促进作用？在面向未来的可持续发展之路上，学校尚有几个瓶颈问题：

（1）瓶颈一：胸怀“实施特色‘大’美育教育”的使命和雄心与深受传统“小”美育育人观念的影响之间的矛盾。

作为一所优质美育教育资源丰富的学校，我们与吴泾社区、紫竹园区、华师大等在书画艺术教育方面有着长期合作。创建惠及人人纯善笃美的“学科融合无痕”、“艺术实践丰富”、“育人评价适切”的“大美育”是我们的理想。然而，学校在现有课程计划要求中，受制于分科教学和授课时间，虽可“开齐开足上好”美术、语文、劳动、自然等课程，但是，艺术教育在生活中的融合表达和在教育活动中的整合融通，需要所有教育人都有较高的艺教结合的理念和方式，统整优势资源，实现新目标、高期待，与旧机制、低效率说再见。

（2）瓶颈二：面向日益增长的美育学习热情和学情差异与现有的美育课程难以满足学生需求而产生的困惑。

我校学生中有华师大、交大教授、学者们的孩子，有紫竹高新区高端人才的孩子，有吴泾四个乡村农民家庭的孩子，生源不可不谓多元化。虽然个体的审美素养参差不齐，但孩子们对书画、唱游、美术、劳技、自然等艺术学科都抱有同等的喜爱。每周一次，每次一到两节的课程教学，难以满足每一个孩子的成长需求。自然，“学校，让生命更灵动”的办学理念也很难在如此单一的艺术教育中达成目标。

（3）瓶颈三：年轻教师的创新追求和行动节奏与传统的课程安排和课堂模式很难同步，且育美能力不足，故冲突频频。

学校发展以教师为先。招聘和引进的众多年轻大学生、研究生多是非师范类，且专业方向多元。有的是书法、国画、篆刻专业毕业的教师，具有很高的悟性和灵气。大家都渴望在人生第一个岗位上建功立业。然而，传统的课程安排和校园生活模式，使得一线教师陷于复杂繁琐的事务之中，缺少主动学习、大胆探索、自创风格的平台和氛围。久而久之，青年教师最可贵的热情和个性棱角就会被磨平，探索、创新与发展的积极性也会被削弱，育美能力得不到提升。

传统的美育教育方式和有限的美育内容已经无法满足当今社会对于具有创新精神和实践能力的新型人才的渴求，也无法在学生心中根植文化自信。在注重弘扬传统文化和重视美育的新形势下，学校一边做好师资准备，一边在课程建设方面，用丰富的社团活动课程，增加学生学习经历，培养学生的审美能力。尤其是2017年建设的“书画创新实验室”，该项目就注重创设开放性、互动性、实践性更强的育美氛围。在长期的实践中，学校发现了书画文化教育的育美功效，使之成为了美育教育的抓手，激发并提升出教师的创新精神与美育的育人能力，从而有效地解决了我校美育教育中遇到的三大瓶颈。

3. 学生立场：未来栋梁，并非只有知识技能，更需要高尚文化

叶澜教授认为，中国从来不缺聪明的、有潜质成为尖端人才的人，缺的是把潜质变成现实，进而赋予人新潜质的教育。新时代，构建人类命运共同体的伟大事业中，归根到底是人之“根”的培养，教育之“魂”的塑造。

新中国教育哲学的奠基人黄济先生曾说，在儒道释思想不断交融与碰撞的过程中，形成了独特的美学与美育思想，产生了诸多具有中华民族色彩的概念，如“气质、形神、虚实、动静、刚柔、意趣、意象、意境、灵性、风骨”等等。这些美育思想在一定程度上标识了中国文化的独特之处，理应成为新时代美育教育的重要内容。中华美育内涵与精神是现代美育教育的基石。在纷繁复杂的世界格局中，在实现中华民族伟大复兴的时代背景下，美育教育应该融入新时代文化建设，继承和弘扬中华优秀美育精神。

2018年，习近平总书记在给中央美术学院8位老教授的回信中，也肯定了美育的价值，指出“做好美育工作，要坚持立德树人，扎根时代生活，遵循美育特点，弘扬中华美育精神”。中共中央办公厅、国务院办公厅印

发的《关于实施中华优秀传统文化传承发展工程的意见》中，指出“文化是民族的血脉，是人民的精神家园。文化自信是更基本、更深层、更持久的力量”。文化自信，关乎着国家命运之兴亡、民族精神之独立、国人生命之底气，是个人自信、民族自信的根基。“中华文化独一无二的理念、智慧、气度、神韵，增添了中国人民和中华民族内心深处的自信和自豪。”

放眼未来，着眼现代化，不断培养高端综合素养能力的国之栋梁，是教育的重任。教育的过程中，除了要关注学生知识的掌握与思维的提升，还要关注学生习惯与性情的培养，更要赋予学生深厚的高尚文化滋养。教育是面向未来的教育，我们需要精选优秀传统文化，立足当下实际，才能培育出具有中国文化底色的高尚的创美之人。

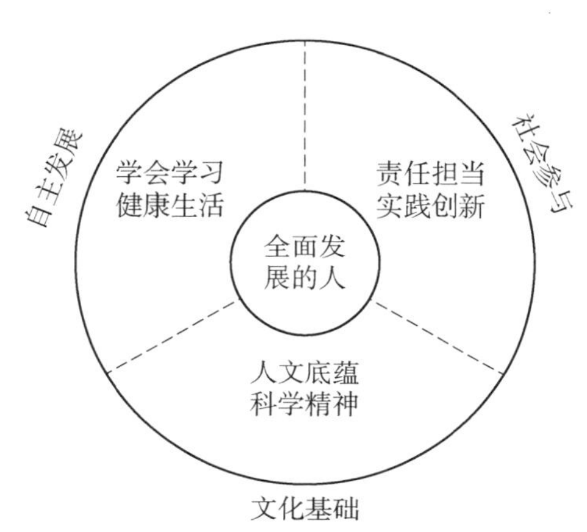

“中国学生发展核心素养”框架图

4. 课程价值：文化传承，并非只顾授业解惑，更需要五育融通

课程是学生发展的跑道，指引着学生奔跑的方向，也给予学生奔跑的力量。开发和实施助于学生积极健康成长的中国书画育美课程，撷取优秀传统文化中的天地自然之道与人事社会之道的元素，汇聚丰富的人文精神、思想观点、道德规范、审美情趣等作为教育的因子，让学习诗书画印的过程，成为不断获得亲近、了解、传承和传播文化的过程，如此，综合素养会不断提升。

文化的传承和课程的学习，并非只是知识的传授，育德、启智、健体、审美、增能，无一缺失。21 世纪的小学教育，面临着全球化、信息化和现代化等多方面的挑战。在上海深化课程改革的大背景下，我校坚持“E-C-N-U”的课程价值取向和教学理念追求——让学生在“在无处不在

(Ubiquitous)的学习中,乐探究(Exploring)、崇创新(Creative)、亲自然(Natural)”。

书画文化育美课程以落实立德树人为根本任务,让学生在开放性、探究性、综合性的活动中,“亲自然”:循于规律,拓宽眼界,养成良好的行为习惯,尊重自然规律,提升审美素质,培养健康个性;“乐探究”:善于发现,持之以恒,倡导探究的学习方式,积淀良好的文化科学素质,培养可持续学习力;“崇创新”:乐于思考,大胆实践,培养学生的创新精神,提升实践能力,奠定终身可持续发展的基础,让文化传承无处不在。

我们统整学校资源,注意结合校园四季的主题教育活动,精选学习内容,丰富育美领域,形成五育融合、特色明显的书画文化育美课程,进而建构师生全员积极参与的美育课程体系。

我们希望在书画文化育美课程的建构中,努力将传承与传播中国书画文化,作为学校教育立德树人的重要途径,作为学校美育体系的重要载体,立足校本特色,挖掘地域资源,形成学生全覆盖、实施多样化、质量能过硬的全方位、多层次的校本育人课程。开展与校美育课程相适应的课程实施方式与路径,能在引导学生浸润传统文化、提升审美素养的同时,激活学生的内生动力和创新能力,“突出德育实效,提升智育水平,增强美育熏陶,加强劳动教育”;让学生在知行合一中,实现融合、全面发展,成己达人的宗旨。同时以多种培养机制促进教师美育育人能力的内涵式发展,提高教师的课程领导力和创造力,实现了从“丰富课程内容”到“体现育人功能”再到“凸显主体实践”的课程价值转变;形成学校美育特色,展现书画教育优势,推进示范辐射作用。

二、文献综述

1. 核心概念的界定

(1) 美育

美育以特定时代、社会、文化的审美观念为标准,以实现全面发展为宗旨，以形象为手段，以情感为内核，培养和塑造审美素养，即审美知识、审美能力和审美意识。

（2）审美教育育人体系

我校审美教育育人体系以立德树人为根本，以社会主义核心价值观为引领，以提高学生审美和文化素养为目标，明确价值，细化培养目标，遵循儿童认知逻辑，贴近儿童学习生活，以“三个结合”为建构原则，借助“三全教育”，从“三重教育”实践，形成了“理念——目标——实践——保障”四个维度整体联动体系。

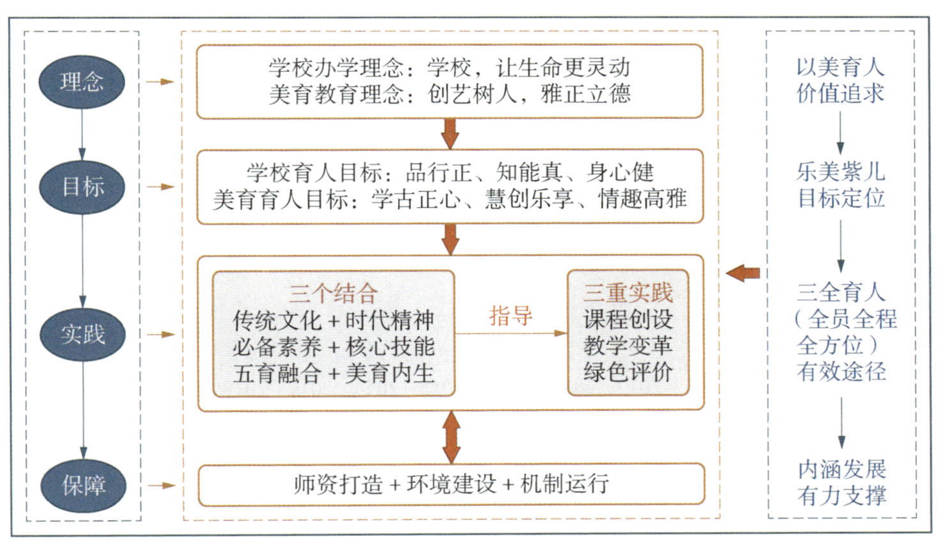

美育育人体系图

（3）书画文化育美课程

书画文化育美课程是以书画为载体，挖掘中国传统书画蕴藏的文化信息，体现深厚的文化底蕴的一门课程。本课题中的“天地人事书画文化育美课程”，撷取华东师大叶澜教授“教天地人事，育生命自觉”的寓意，遵循小学生认知逻辑，贴近小学生学习生活，统整学校资源，融入了德育、智育、体育、美育、劳动教育，与校园四季主题活动相结合，发挥“育德、启智、健体、审美”的综合效应，形成了以书法、国画和篆刻为主的校本课程。该课程内容主要由三部分构成：“天地人事”书画课、“汉字基因”书画课和“研学交流”综合活动课。

2. 美育研究现况简述

（1）研究概况

美育的研究一直是教育界的一个热点。以“美育”为关键词，在CNKI数据库中进行检索，在2011年至2020年这十年间发表关于美育的论文数量高达6 200余篇，在对检索结果进行计量可视化分析后，获得“2011—2020年美育论文数量统计图”。

2011—2020年美育论文数量统计图

不难发现，自2014年，学界对美育的研究论文急剧增长，在2020年度发文量突破了800篇，美育逐渐成为教育界中一个热门话题。再对检索标准进行细化，在原筛选条件中增加北大核心和CSSCI作为期刊来源，共筛选出318篇相关文献，在此以四个维度对已有研究进行分析。

① 基于学段的美育研究进展

从受教学段上看，共有93篇文献有所涉及。其中研究高等教育中的美育文献最多，共有59篇，占比64%；相比之下，针对基础教育学段美育的数量较少，共 15 篇，而其中研究小学美育的论文数量仅有 2 篇。通过数据可以看出，学界对美育的研究主要以大学生为学习对象，而对小学学段的美育研究比较缺乏，这说明小学美育还没有引起研究界的足够重视。习近平总书记明确要求："做好美育工作，要坚持以德树人，扎根时代生活，遵循美育特点，弘扬中华美育精神，让祖国青年一代身心都健康成长。"因此，对小学美育的研究应给予更多的关注。

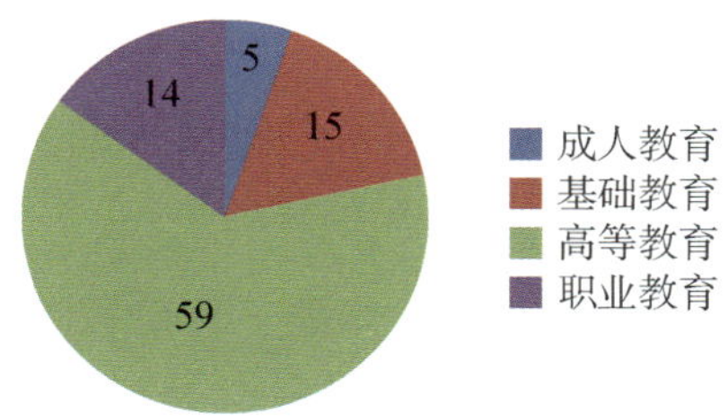

基于学段的美育研究数量统计图

② 基于场所的美育研究进展

学界对美育的施教地点研究较为全面，从宏观层面的社会到微观层面的社区，乡村、家庭等都有所涉及。这一方面说明了美育和生活息息相关，无论是城市还是乡村、家庭还是公共场所，都具备实施审美教育的可行性；另一方面体现了美育教育的全民性，每一个人都能在不同的地点受到美的熏陶。其中，学校美育是学界研究的一个热点。王希认为，在德育、智育的基础上重视和强调美育，是中国学校教育现代化的一个主要方

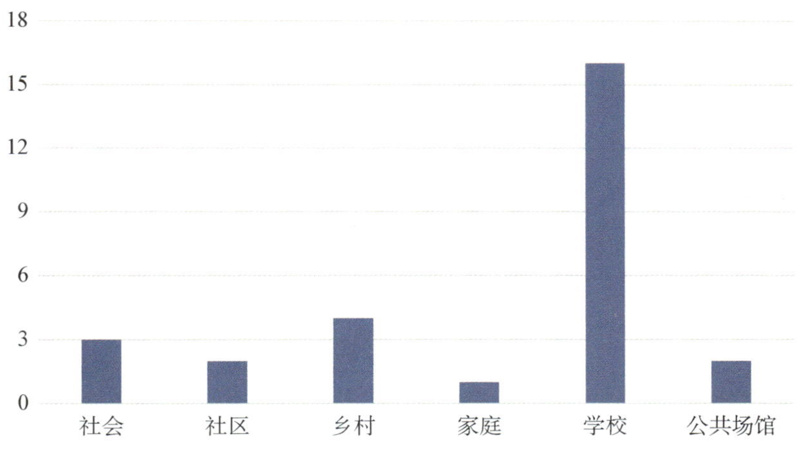

基于场所的美育研究数量统计图

向[①]。对学校美育的研究，不仅在美育的理论层面具有一定的意义，还能从现实的视角，对学校美育的实施具有参考价值，帮助管理者探索与完善教学体系。

③ 基于载体的美育研究进展

经过筛选，学界对美育的施教载体大致分为以下八类：音视频（影视）、文学作品、艺术作品、电视节目、图书、舞蹈、校园仪式（升旗仪式、开幕式等）、校服。

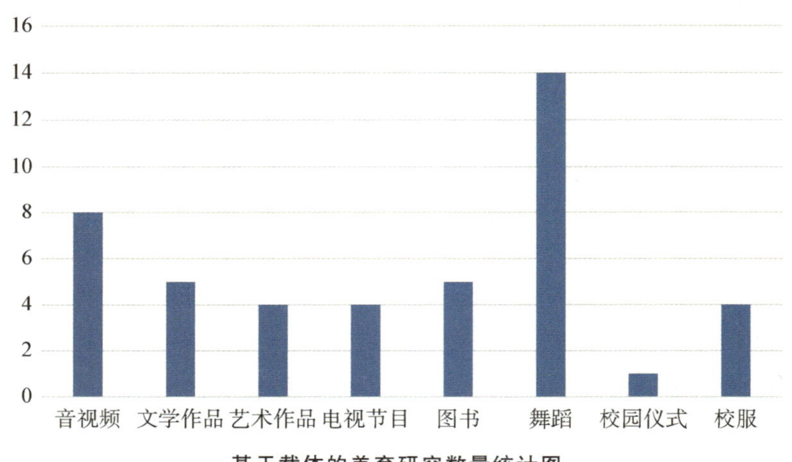

基于载体的美育研究数量统计图

经过分析，笔者认为美育的施教载体具备以下两个特性：

一是施教载体具有多元的特征。结合对美育施教场所的分析可以看出，美育实施的地点与载体都具备丰富、多元的特点。横跨现实到互联网，载体从多媒体到服装、图书等，生活中许多媒介与物质都能成为审美教育的“教科书”。

二是施教载体贴合小学生的生活经验。有 4 篇论文涉及学生校服与美育之间的关系，有 1 篇论文介绍了校园仪式中的美育策略，这些都与小

① 王希．中华传统美育精神的现代价值[J]．中学政治教学参考，2019(21)：33—34．

学生的生活十分贴切。可以看出，小学校园中审美教育的落实不仅仅体现在课程的设置上，还体现在沉浸式的教育环境中。无论是庄严的升旗仪式，还是富有设计感的校服，都能给予小学生美的体验。

④ 基于主题的美育研究进展

在研究主题方面，许多学者从不同主题来进行美育研究。通过梳理，笔者发现，从美育理论角度出发是研究的热点，共有 127 篇论文，占比 37%；学界更侧重于研究美育理论，包括美育发展的历程、著名教育家的美育思想等，为研究者开展学校美育体系的设计与实施提供了良好的理论基础。

此外，学科美育也是研究者较为关注的研究主题，约有 90 篇文献有所涉及。笔者以不同学科作为二级维度进行归类，旨在以学科的视角来分析美育的研究方向。

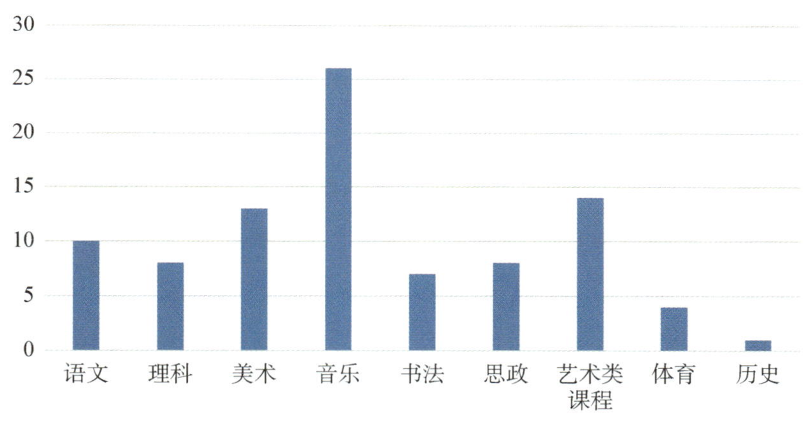

学科视角下论文数量统计图

通过“学科视角下论文数量统计图”，我们可以看出，美育研究涉及音乐学科、艺术类课程、美术学科较多，尤其是音乐学科，论文数量达 26 篇；其次是语文、思政等人文类学科。笔者认为，一方面音乐、美术、书法、艺术类等传统审美教育课程依旧是学科美育研究的重点，其学科类型与美育思想高度契合，是学校实施美育教育的良好平台；另一方面，传统人文类学科与审美教育的融合也逐渐受到研究者的关注，如分析美育在语文教学中的路径与实施的研究不在少数。另外，近几年的研究发现数理学科与体育学科也具备一定的审美教育意识，这突破了数理学科不适合进行审美教育的大众固有认知，具有一定的前瞻性。

(2) 关于美育内涵解读

中国传统文化特别强调美育的作用与价值。早在春秋战国时期，孔子就提出“里仁为美”，认为美与德高度统一，追求美的境界成为儒家思想不可缺少的一部分；在近代，王国维、蔡元培等学者与教育家纷纷提出对美育的重视，美育逐渐融合进国民教育体系中；新中国成立后，教育部颁发《中小学暂行规程(草案)》，提出要实施智育、德育、体育、美育全面发展的教育[①]。可以看出，美育无论是在古代中国社会，还是在近现代的教育中，都是促使全面发展的重要方面之一。

纵观已有文献，众多学者都涉及对著名美育思想家所提出的理论研究，如唐善林通过探析老子“自然论”中的美育思想，为中国当代美育的建设起到推动作用[②]；谭玉龙[③]、李蕾[④]等学者从儒学角度出发，结合当今教育现状，分别从美育精神内涵和高校思想政治教育两个角度提出启示与思考；刘芳从美术教育的“现代”品格角度出发，阐述了蔡元培的美育思想理论对当代美术教育的作用[⑤]。

部分学者将研究对象指向西方美育思想，如刘慧姝以德国历史人类学的创始人之一克里斯托夫·武尔夫作为研究对象，阐释了模仿性学

---

① 何东昌. 中华人民共和国重要教育文献(1949—1975年)[Z]. 海口：海南出版社，1987：142.
② 唐善林. 老子“自然论”美育思想探析[J]. 社会科学辑刊，2020(03)：96—103.
③ 谭玉龙. 儒家美育精神新论——基于出土简帛文献的考察[J]. 美育学刊，2020，11(04)：54—61.
④ 李蕾. 儒学中的美育思想对高校思想政治教育的启示[J]. 辽宁农业职业技术学院学报，2020，22(05)：40—41.
⑤ 刘芳. 蔡元培美育思想与美术教育“现代”品格的确立[J]. 美术观察，2020(03)：73—74.

习与表演性学习在审美教育中的作用[①]；战红岩等研究近代中国以康德、席勒等西方美育思想与中国传统“礼乐”教化观念相结合的审美教育，对当今中西交融渗透的新美育体系的研究与探讨提供一定的理论基础。

从以上结论中不难发现，无论是对中国传统美育内涵与思想的理论研究，抑或是将视角转向于西方与中国美育思想相结合的领域，学界对美育的理论研究都是立足于将已有的美育思想运用于当代中国的美育实施途径，对中国的审美教育建设提供一定的理论作用。

(3) 关于美育实施路径研究

一部分学者在理论研究的基础之上，提出了美育的实施方法与路径，根据文献的可视化分析，基于学校美育视角进行研究。如吴侠通过检视从古至今中国学生校服的发展，提出了校服改革是国家美育工程的重要组成部分的观点[②]；张志坤以学校内的仪式教育为视角，认为校园仪式是一种重要的美育资源，并提出了校园仪式对学校美育工作实施的作用和价值[③]；王晓霞在论述学校管理应发挥美育作用的理论研究之上，分别从“学生审美观、校园环境的布置、课外活动”以及“课堂教学过程”四个方面提出校园美育工作的实施路径[④]。

校园美育还需依托美育教育与课程的设置。其中，开展艺术教育是对学生进行审美教育的主要方式。谢翌、赵方霞等从课程标准的视角来探讨美育课程价值的百年嬗变，以我国小学音乐与美术学科的课程标准作为研究对象，揭示我国美育课程价值取向的变迁特点，从而提出要构建

---

① 刘慧姝. 人的图像、想象力与文化实践——论克里斯托夫·武尔夫的教育人类学美育思想[J]. 美育学刊，2021，12(02)：13—21.

② 吴侠. 贴身美育：中国校服的前世今生[J]. 学术探索，2017(06)：151—156.

③ 张志坤. 仪式之美与学校美育的仪式实现[J]. 当代教育科学，2016(19)：34—37.

④ 王晓霞. 浅谈学校中的美育渗透[J]. 山西师大学报(社会科学版)，2012，39(S4)：170—171.

立体化、全方位的“大美育”格局①；刘冲从美的本质出发，通过分析美的本质，驳斥了“美育即是艺术教育”的错误认知，提出要以学校美育理念、目标和内容来构建美育课程模块，建设美育保障体系②；姜殿坤等聚焦于当今高等学校美育实施，认为其具有“重视程度不够、衔接机制缺失、教育方式方法过于单一”等问题，从而提出“营造良好的校园环境、完善美育课程体系”的策略③。

当今，学校依旧是美育教育的主要场所，因此许多学者以学校美育为视角，剖析校园中美育实施的可行路径。其中，对课程的设置则成为了研究热点之一。但同时，许多研究基于对高等学校课程的研究，因而缺乏基础教育，尤其是小学教育阶段的课程研究。小学教育是儿童走进社会教育的第一步，因此小学的审美教育显得更为重要，必须要重视与加强以小学课程为视角的美育研究。

(4) 以学科融合为视角的研究

杜卫认为，美育是一种感性体验，其以深度体验为基本方式，以培养内心和谐的丰厚感性为目标，并以此与德育、智育、体育相区分④。不少基于课程的设置而研究学校美育的学者，以具体学科为视角，细化了各个学科在美育中起到的作用。

① 艺术学科中的美育研究

在传统的学校课程体系中，专业的美育课程是艺术课程，其包括美术、音乐、书法等。因此，美育与艺术教育有着非常密切的联系。学者王君从三

---

① 谢翌，赵方霞. 美育课程价值取向的百年嬗变：课程标准的视角[J]. 课程. 教材. 教法，2020，40(02)：27—34.

② 刘冲. 走出学校美育的认识误区——兼论学校美育的课程化实施[J]. 当代教育论坛，2021(01)：29—37.

③ 姜殿坤，李英蔼. 我国高等学校美育实施中存在的主要问题及解决对策研究[J]. 国家教育行政学院学报，2018(06)：62—68.

④ 杜卫. 论美育的内在德育功能——当代中国美育基础理论问题研究之二[J]. 社会科学辑刊，2018(06)：48—58+213.

方面论述了美育与艺术教育的定位，提出了只有从美育的角度出发，才能确立艺术教育在素质教育中的作用、基本任务和教学规律这一观点[①]。除此之外，许多专家学者，甚至中小学一线教师，分别从不同学科的角度阐述了美育的作用。如郑勤砚，以审美素养与创造力两方面强调了美育在美术学科中起到的重要责任[②]；李艳红基于音乐教育的“新课改”，提出了通过音乐课程来培养学生审美能力的三条策略[③]；法苏恬在阐述书法教育对学生发展核心素养具有重要意义的背景下，认为书法教育不仅可以帮助学生提升对中华优秀传统文化认同的广度与深度，还能通过书法作品感知书法家个人的精神与意志，受到精神品性的熏陶，更能提升学生的汉字审美意识[④]。不难看出，艺术类课程是学生在校内接受审美教育的重要载体。

② 人文学科中的美育研究

除了艺术类课程之外，人文性程度高的语文课程不但要提升学生的人文素养，还需要承担提升学生审美素养的任务。王筱婧以初中语文教学为例，从语文课程教学的视角来论述美育在语文课中的实施路径[⑤]；郑昀、徐林祥提出学界要建立专门的语文美育学研究领域[⑥]。除了语文学科外，也有学者针对思想政治教育进行研究，如骞真、段虹等通过分析美育和思想政治教育的内在联系，提出二者要相互融合与渗透，体现美育在高校思政教育中的重要价值[⑦]；李花、徐进等通过分析美育在高校教育中的缺失而产生的问题，论证了美育在大学思想政治教育中的重要性，并提出了二者相结合的实施路径[⑧]。

---

① 王君．美育与艺术教育的定位[J]．教育探索，2006(05)：55—56.

② 郑勤砚．以审美素养和创造力为核心的美术教育[J]．美术观察，2017(04)：11—13.

③ 李艳红．“以审美为核心”的音乐教育变革及有效路径[J]．大舞台，2013(02)：236—237.

④ 法苏恬．核心素养视域下的中小学书法教育的思考[J]．中国教育学刊，2020(03)：98—102.

⑤ 王筱婧．以美育人的学科路径——初中语文教学例谈[J]．人民教育，2019(11)：52—54.

⑥ 郑昀，徐林祥．语文美育学的学科性问题研究[J]．华东师范大学学报(教育科学版)，2018，36(06)：93—99＋158.

⑦ 骞真，段虹．美育在高校思想政治教育中的价值研究[J]．思想政治教育研究，2020，36(03)：115—119.

⑧ 李花，徐进．论美育对大学生思想政治教育的作用[J]．江苏高教，2019(04)：109—112.

美育的实施路径需要多元化、联合化。开展合适的学科教学来实施学校的美育是十分有必要的。刘冲结合学校课程工作的实际情况，提出了美育课程的一种实施方法，即在发挥专门美育课程的作用之下，重视其他学科与实践活动的美育渗透，将其进行整合[①]。

（5）综述

通过分析梳理以上的文献，审美教育在小学校园的多样实施路径中，美育课程的设置是美育实施的主要途径。管理者需加强审美教育的意识，合理安排课程与活动提升学生的审美素养。教师也要具备一定的美育观和培养学生审美素养的意识，并将其融入到教学中。另一方面，校园环境的布置、教育仪式的开展也对美育产生促进作用，学生能在沉浸式的校园情境中提升对美的感知。

与此同时，我们也发现，以教学为视角的美育研究较为缺乏，很少有研究者从教学与评价角度来阐述美育具体的实施方法，这也为本项研究的方向提供了一定的参照价值。

国家教育部体育卫生与艺术教育司司长王登峰指出，推进学校美育工作，需要我们转变美育人的价值认识，强化师资队伍建设和场地建设，积极调动“师、生、家、校、社”五大主题的积极性，推动美育评价体系改革的落实。

综上所述，学校管理者要具备“大美育观”，充分结合各类教育资源，让学生每时每刻浸润在美的教育环境中。

3. 书画教育研究进展

（1）书画教育的政策文件

书法和国画是中华民族的文化瑰宝，是人类文明的宝贵财富，是基础教育的重要内容。与西方国家相比较，我国的书画注重“意在笔先”、“书

① 刘冲.走出学校美育的认识误区——兼论学校美育的课程化实施[J].当代教育论坛，2021(01)：29—37.

为心画”、“神采为上”，有着独特的气度与神韵。在学习过程中，学生自然而然能够感受和体会古人的生活智慧、思维方式与审美情趣，更能理解艺术品背后的精神追求。唐代书法理论家孙过庭认为，修身为本，学书为末，德行是翰墨之基。

近年来，书画教育备受重视。国家出台多项文件，力促书画教育落地生根。2009 年 9 月，中国书法正式被列入“人类非物质文化遗产名录”，教育部颁布了《关于中小学开展书法教育的意见》《中小学书法教育指导纲要》，明晰了中小学书法教育的目标、内容和实施方式、方法等，让书法教育以燎原之势走进中小学课堂。2014 年教育部颁布了《完善中华优秀传统文化教育指导纲要》，肯定了书法和国画等传统文化在中小学教育中的重要性和实施方法。2019 年 12 月中国教育学会制定的《中小学传统文化教育指导标准》中，明确指出书、画是中国传统技艺，极富中国特色，体现了民族智慧，反映了中国人特有的性格气质和生活情趣。2020 年 2 月 2 日教育部颁布的《中华优秀传统文化进中小学课程教材指南》中，从“学段要求、学科安排”的角度细化了书、画等为载体的传统文化教育实施目标与方法。这一系列政策，不仅彰显了书法教育在基础教育实施的重要性，更为有效开展书画教育提供了方向。

(2) 书画学习现状

教育部关于书法教育总体目标及内容的最新方案中指出“小学低年级学习用铅笔写正楷字，掌握汉字的基本笔画、常用的偏旁部首和基本的笔顺规则；会借助习字格把握字的笔画和间架结构，书写力求规范、端正、整洁，初步感受汉字的形体美”。书法教育的过程不仅是一个让学生感知文字形体美的过程，也是一种文化过程。这个过程能潜移默化地建构起了学生的文化价值观念。在功利主义的影响下，以往的书法教育漠视书法教育的基本理念，容易存在两个极端：一是为了应付毕业写字等级考试，匆匆过场；二是严肃有余难度偏高，令孩子很难保持长久的学习热情。

从教育部到学校，从教育界到社会，师生、家长对书法教育日益重视，但无奈书画练习起来非常困难，耗时费力且成效低微。不少学生、家长满怀信心而来，多半中途而废。因此，如何利用信息技术手段改革传统书画课堂，提高书画练习的实效性，是目前传承这项国粹艺术的当务之急。同样，书画教育也是传承中国传统文化的重要途径之一，理应受到重视。如《中小学书法教育指导纲要》明确提出，在加强书法技能训练的同时要提高学生文化素质，“在教学活动中适当进行书法文化教育，使学生对汉字和书法的丰富内涵以及文化价值有所了解，提高自身的文化素养”。显然，挖掘书画的文化价值，培养文化素养，培育“文化人”是中小学书画教育的核心追求。

书画教育对于青少年的行为习惯和人格养成具有润物细无声的作用。书画是一门艺术，也是中国的国粹。它是中国传统文化的基本元素和重要载体。书画练习的时候，需要凝神静气，一笔一划，心到意到，运力于毫端，才能力透纸背。所以，学习书画有利于培养青少年专心致志、全神贯注做事情的习惯；让人心静如水，祛除浮躁之气。尤其可以帮助中小学生养成一种迅速入静的好习惯。通过学习书画，中小学生还可以从中了解到很多传统文化，培养艺术情操，提升文化品位，感悟人生哲理。总之，培养中小学生写好硬笔字，多练毛笔字，不仅能够传承国粹，有益于身心健康，还可以培养青少年良好的学习习惯和认真做事、持之以恒的态度。

书画教育对于中国文化的国际传播有着重要的意义。2017 年 1 月，中共中央办公厅、国务院办公厅印发了《关于实施中华优秀传统文化传承发展工程的意见》，意见明确指出，要加强中华优秀传统文化相关学科建设，推进戏曲、书法等高雅艺术进校园；要充分运用海外中国文化中心、孔子学院等助推中华优秀传统文化的国际传播；要积极宣传推介戏曲、民乐、书法、国画等我国优秀传统文化艺术，让国外民众在审美过程中获得愉悦、感受魅力；要探索中华文化国际传播与交流新模式，综合运用大众传播、群体传播、人际传播等方式，构建全方位、多层次、宽领域的中华文化传播格局，讲好中国故事、传播好中国声音、阐释好中国特色、展示好中国形象。培养青少年学好中国书画，使他们在书画学习实践中，不仅传承中国悠久的书画文化，而且努力成为传播中国文化的小使者。

但是，国内外关于书画文化的研究主要集中在提升学生专业知识与技能方面，对于如何让学生在学习实践中不仅传承中国悠久的书画文化，而且成为传播书画文化的小使者，相关的研究成果并不多见。尤其是在信息技术支持下的研究更是少之又少，因此更加凸显本课题的研究的必要性。

鉴于此，结合各级教育部门关于书画教育方面的课标、方案，以及现行书画教学中遇到的实际问题，我校在总结以往书画教学方面取得的经验与不足的基础上，注重挖掘文字和图画背后的文化蕴含，让书画教育成为一种"学习文化、感知文化、升华文化"的过程。同时，我校还基于自身的书画文化育美课程的特色来设计了一系列的子课程，从而保障书画美育的落实与实施。

三、学校基础

1. 硬件：书画创新实验室

创新实验室是学校实施拓展型、探究型课程和开展学生自主探究实验活动的场所，是满足学生个性化学习需求的课程资源，是融合学习内容、学习方式和设施设备为一体的学习环境。

书画创新实验室的信息云环境

校 MOOC 文人书画文化学习平台实验室，集成多媒体教室、艺术课教室、录播教室等功能，以可视化、个别化的指导，帮助每一位学生在信息化支持的课堂环境下，通过实时反馈推进书写指导，让学生观摩无死角。教师因材施教，从而帮助每一个学生感受并体验书法创作的魅力。

通过在线学习、书法互动、数据统计等功能区打通学校和家庭的联系。将教师示范做成微课，直观展示笔顺、图例、错例的示范动画，让学生在家也能观看书写视频，学习临摹，反复巩固书写。学生完成作品后可以手机上传，教师在线专业点评，家长、同学积极点赞评价，学生自我评价等。数据统计可以看到每个学生的书画学习成长轨迹和每个班级、每个年级的学生学习概况，以便教学反思和改进。

2. 软件：师资队伍

书法是中华民族的文化瑰宝，是人类文明的宝贵财富，是基础教育的重要内容，2011 年 8 月 2 日国家发布《教育部关于中小学开展书法教育的意见》(教基二[2011]4 号)中提出："在义务教育阶段美术、艺术等课程中，要结合学科特点开展形式多样的书法教育。"

习近平总书记的十九大报告，围绕"优先发展教育事业"主题讲话中强调："立德树人是教育的根本任务，立德树人就要坚持社会主义核心价值观导向，深入开展理想信念教育，爱国主义教育，中华优秀传统文化教育……"随着教育改革的不断深入，教育部各种文件的出台，均强调在学校开展书法教育的重要性和必要性。

写字课和美术课是上海市基础型课程中的必设课程，在分学科的课程标准中有各自不同的阐述，且有相应的课时规定(写字课每周一节，美术课每周两节)。那么，如何结合学科特点开展书画教育？如何将传承中国书画文化作为立德树人的重要途径？这是我校开展书画项目研究的突破口。学校的书画项目研究，既是传承发展中华优秀传统文化的需要，又是深入推进教师队伍建设的需要，还是深刻总结美育教育鲜活经验的需要。

"书画本同源"，"书"的教育和美术学科中以"中国画"为内容的教育都是让学生感知形体美的过程，也是一种文化浸润的过程。因此，立足于更好地传承和传播中华传统文化的根本任务，我校在办学之初就招录华东师范大学艺术系书法专业研究生学历的应届生，并逐年招录美术专业的骨干教师，使其任教语文学科，专门负责学校写字教学；配备有国画专职教师；鼓励全体教师积极参与书法考级……在历年推进工作中，做优书画教学的研修活动，除了认真参与市、区各级各类教学交流活动和学生竞赛活动，学校还积极利用社会资源，邀请名家进校指导、培训，并开展书法示范教学，加速执教队伍的专业化。

3. 需求：学生兴趣

学校自建校起就从育人目标出发，着力综合实践课程的构建。如何基于书画创新实验室的综合硬件教育基础，开发优质的书画文化育美的校本课程呢？我们在全校范围展开了一次大调查，面向学生的问题有：你现在已有的艺术技能是什么？你想在艺术领域学习什么？你喜欢怎样的学习方式？你希望通过课程学习后收获什么呢？面向教师的问题有：你已有什么艺术技能或潜能？你能开发怎样的课程？你希望学校在哪些方面给予支持？你希望通过课程开发收获什么？

细细梳理师生的回答，我们发现许多学生对书画文化育美课程感兴趣，他们喜欢开放的、自主的、富有创造性的学习方式，喜欢教师正向的鼓励和评价。老师们对书画文化育美课程的开发也非常支持，希望藉此能提升自我审美力，既能在学科教学中精益求精，又能在校本课程开发中创新创造，从而成为"见识、志趣、能力、修养"俱佳的新时代"博雅教师"。

接着，校长召集行政团队，对学校前期在书画教育实施中的经验与问题，展开一系列的调研。

一次关于书画教育经验与问题调研的行政扩大会议

时间：2017年2月24日

地点：行政五楼517会议室

主持人：张校长

参与人员：各部门第一负责人、艺术辅导员、心理辅导员、家教中心负责人、信息中心负责人

会议纪要：

张校长：各位行政老师，学校开办至今已到第七个年头，从开办起，我们就初心坚定，一路坚持书画教育——因为我们深知，书画教育就是中国优秀传统文化的教育。而且，我们还要不断做强做深，那就必然要对前期走过的路程来一次回顾梳理，看看有哪些经验可以提炼，哪些问题要在后续改进？

学生部主任(美术学科市骨干教师)：我们学生部近几年开展了许多丰富多彩的艺术主题活动，但书画育人序列性不够。经常是区里布置什么学生工作，我们就随机结合开展，因此我们设想是否可以整体架构具有学校特色的书画校本课程？

教师部主任：学校已开设了系列国学阅读拓展课，还创建了书画社团。我们有了很好的书画教育基础，但据教师部的观察，发觉艺术组教师对学生的评价比较单一，以对学生书画作品成果评价居多，对学生学习表现的评价与其他学科没有很大差别。要是能专门针对书画学习有立体的、多维度的评价就好了。

后勤部主任：我觉得我们学校的环境设计非常美，楼底文化里专设了具有书画文化的台阶，从汉字演变、各类字体、画种介绍等方面丰富呈现，给予学生润物细无声的书画浸润，以后还可以把老师和学生的书画作品挂到每一面墙上，那样就真的是墨韵香校园了。

校务办主任：学校的艺术师资力量在不断储备，首年招录了华东

师范大学艺术系书法专业的研究生魏老师、国画专业的徐老师、具有美术学科背景的语文张老师，后来逐年引进了区美术骨干沈老师、美术教师龚老师和青年美术教师金老师。艺术组力量强了，但在书画专业的提升上还需进一步培养，全体教师的书画能力也需要普及学习，我们是否可以为全体教师定制书画文化育美课程？让学校师资在综合艺术修养上整体提升，更有助于支持学生书画文化育美课程的顺利实施。

心理辅导员：书画学习对人格培养、心理治疗都有很好的效果，我们心理组也想与书画组共同研究，促进以文化人，以美育人的功效。

艺术辅导员：我们艺术组的老师擅长的领域不同，在书画专业上的能力不一。之前学校请来了华师大书法老师崔教授给我们现场指导，效果特别好，还有书法大家周斌教授的书法理论讲座也让全体教师受益匪浅。如果能邀请更多的书画名家持续、定期地来指导老师和学生，那就更好了。

家教中心负责人：嗯，崔教授就是我们的学生家长，我们可以挖掘更多的家长资源与社区资源，打造家长书香课堂，这样也推进了书香家庭的建设。

信息中心负责人：听说区里可以申请创新实验室，里面的信息技术特别高端，如果我们学校也能申请到书画创新实验室，那么想必信息支持下的书画学习会有助于提升每一个学生的个性体验。

张校长总结：感谢大家的畅所欲言，我们有了前期的书画教育经验，也梳理出了未来书画教育发展的可能：整体架构书画校本课程、家校社同步推进，申请书画创新实验室、构建立体多维的书画评价体系、定制教师书画文化育美课程……

了解了师生的真实需求，听取了各条线行政的建议，我们坚持将传承中国书画文化作为立德树人工作的重要途径，坚持用书画文化育美课程来培育“博雅教师”和“乐创学子”。学校的书画文化育美课程，要为师生建设一个生命场和实践场，让师生浸润传统文化，激扬生命活力，在传承与传播中不断学习，乐于创造，既受益又有利于他人，成为学习者、创造者、传播者。

4. 基础：前期经验

通过各种方式了解，我们发现教师们对于学校七彩课程的设置，满意度非常高。从整体而言，学生们对于插画、创意制作、书法国画的喜爱程度、满意度尚可。但是相比较“赤子情怀（观影休闲）”“稼拣橙厨（烘焙西点）”的满意度，插画、创意制作、书法国画的喜爱程度相对较低。经过访谈得知，学生们很喜欢这类课程，同时，也指出，如果学习时间再长一些，内容再丰富一些，他们参与的积极性会更高。

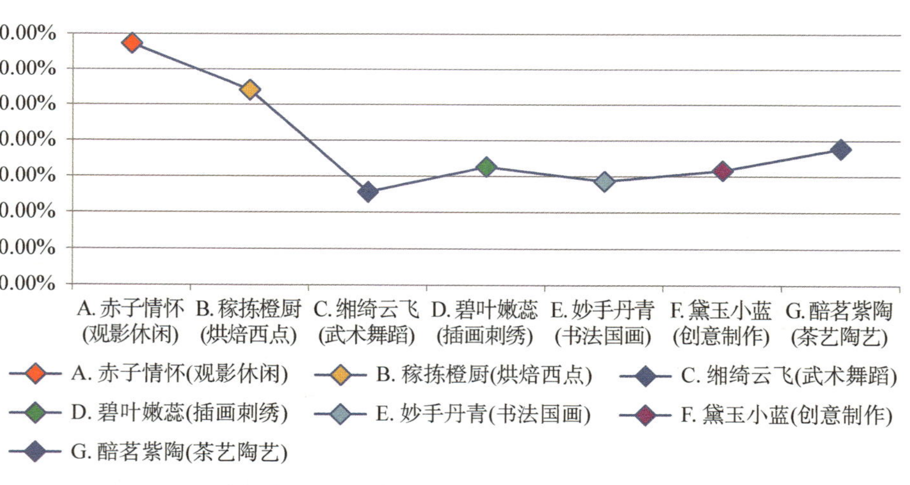

我最喜爱的“霓裳丝雨”社团调查结果折线图

在教师小队活动满意度调查中，发现惊鸿掠竹队（羽毛球队）、丹枫蕴竹队（摄影书画）的喜爱率位列“我最喜爱的健康小队调查排行榜”第一和第二，占比分别是53.06％和48.89％。可见，教师们是喜欢书画学习的。

经了解，教师们希望这样的活动能够一直持续下去。这对于他们而言，不再仅仅是知识的更新，更是综合素养的提升和心灵的放松。这些问卷和调查都为后期更好地开展中华书画文化育美教育与教学奠定了基础。

四、整体架构

1. 书画育美理念

美育要求教学者拥有敏感的育人觉悟，紧扣时代脉搏，贴近学生生活实际。面临社会的迅速发展，我们尤其需要转变美育育人价值的认识，不仅仅是吹拉弹唱、绘画写字等单纯的技法技能，更是对学生全面素质的培养，特别是审美和人文素养的熏陶。自 2009 年以来，教育部等上级部门出台了一系列关于书法教育教学的法规、纲要，迎来了书法教育的“春天”。因此，我校在研究实践过程中，将书与画连通起来，确立了“雅正立德，创艺树人”的美育理念。

“雅正立德”是将正确的世界观和价值观内化为雅正的品德行为，做到谈吐文雅、举止优雅、学识丰雅、品质高雅，树立良好的个人品德、家庭美德、职业道德和社会公德。

“创艺树人”是指培育拥有灵动思维和独特才能的创造型艺术人才，使其能独立创作，探索创新，匠心创优，合作创业，成为传承和传播中国传统文化的小使者。

2. 三类书画文化育美课程

学校在首个办学规划的顶层设计中就明确要打造富有紫竹特色的“ZPS 七彩课程”。“七彩”的命名由虹梅南路路名中的“虹”而来：学校用“虹”之色彩，表征“尊重个体，关注多元，以适合的教育，培育主动创造美丽生命，有个性、能合作，面向未来的学生”。“ZPS 七彩课程”将“基础型、拓展型、探究型”三类课程融通一体，经历十年实施，享有了一定的区域知名度。

而书画文化育美课程就是其中的一支，它融于“基础型课程、拓展型课程和探究型课程”三类课程中，依据《义务教育美术课程标准》《中小学书法教育指导纲要》的标准，确立了课程纲要，特别设置循序渐进、书画交叉融合的五个年级的内容，从而提高教师的课程领导力和创造力，激活学生的内生动力和创新能力，实现了从“丰富课程内容”到“体现育人功能”再到“凸显主体实践”的课程价值转变。

学校书画校本课程在上海市三类课程中的设置

课程类型	课程重点	涉及学科/开展形式
基础型课程	硬笔书法、书法应用、国画	语文、书法、美术
拓展型课程	硬笔书法与汉字故事（一年级）	语文、书法、美术、音乐、信息、劳技 开展形式：快乐半日活动
	软笔书法与文房四宝（二年级）	
	国画入门与文人故事（三年级）	
	中国书画与装裱制作（四年级）	
	提高欣赏与篆刻体验（五年级）	
探究型课程	对美术与书法进行探究，并参与艺术创作、假期博物研学等活动。	学生社团

3. 四域课程内容

学校以“新基础教育”成人成事的铁律为引领，选择“天地人事”为书画文化育美校本课程之名，从五个年级纵向螺旋提升、横向全面涉及的角度，以符合学生年龄特点的学习时间安排，每个学期分“天、地、人、事”四个领域设置 4 个单元共 16 课时的学习内容，关注学生学习体验与教师综合素养的提升。

天地人事—书画文化育美课程分布表

课程名称	适合年级	天之篇	地之篇	人之篇	事之篇
硬笔书法与汉字故事	一年级上学期	1.1 日月风雨 1.2 云阳星虹	2.1 山水土石 2.2 苗叶花果	3.1 你我她他 3.2 亲朋师友	4.1 向上向善 4.2 勤思乐创
	一年级下学期	1.1 天光雪夜 1.2 雷电冰霜	2.1 草树豆瓜 2.2 鱼羊蚁象	3.1 首耳手足 3.2 爸妈您好	4.1 感恩自然 4.2 低碳环保

续　表

课程名称	适合年级	天之篇	地之篇	人之篇	事之篇
软笔书法与文房四宝	二年级上学期	1.1　日与月 1.2　天与星	2.1　山与水 2.2　土与石	3.1　人与心 3.2　家与国	4.1　自由公正 4.2　领巾旅行
	二年级下学期	1.1　飞鸟 1.2　冰雪	2.1　草地 2.2　爬虫	3.1　兄弟姐妹 3.2　追梦永恒	4.1　领巾向党 4.2　同是追梦人
国画入门与文人故事	三年级上学期	1.1　燕子归来 1.2　公鸡啼鸣	2.1　青山绿水 2.2　翠竹拔节	3.1　瓜果遍地 3.2　蔬菜满园	4.1　丰收之秋 4.2　大师进校
	三年级下学期	1.1　山间云雾 1.2　竹林风雨	2.1　鱼虾满塘 2.2　骏马奔驰	3.1　百花成蜜 3.2　绿野飘香	4.1　大师进校 4.2　走进大学
中国书画与装裱制作	四年级上学期	1.1　甲乙丙丁 1.2　戊戌己亥	2.1　高山流水 2.2　梅兰竹菊	3.1　校风追真 3.2　向善笃美	4.1　尊师重教 4.2　走进社区
	四年级下学期	1.1　书为心画 1.2　静以修身	2.1　道法自然 2.2　上善若水	3.1　天地正气 3.2　勤思奋进	4.1　行善积德 4.2　亲子书画
提高欣赏与篆刻体验	五年级上学期	1.1　篆刻概说 1.2　拓包制作	2.1　赏肖形印 2.2　制肖形印	3.1　欣赏汉印 3.2　制作汉印	4.1　回报母校 4.2　主题研学
	五年级下学期	1.1　名石欣赏 1.2　制肖形印	2.1　赏佛像印 2.2　制佛像印	3.1　赏元押印 3.2　制元押印	4.1　博物之旅 4.2　篆刻展示

首先，教师逐步为学生提供适合其个性需求和兴趣爱好的书画文化育美课程，这是“趣”的视角。然而，仅仅满足学生自选是不够的，因为学生是否选择该课程不能成为唯一评判校本课程的标准。有些课程一开始不一定对学生具有吸引力，如“硬笔书法”在传统教学中大多是机械地练习，然而其教育价值如果值得坚持，就应该设法继续实施，此为“向”的视角。从“趣和向”的双视角出发，书画校本课程在一年级到五年级进行分级拓展，分别开设了《硬笔书法与汉字故事》《软笔书法与文房四宝》《国画入门与文人故事》《中国书画与装裱制作》和《提高欣赏与篆刻体验》五级书画文化育美课程，丰富学生的学习经历。

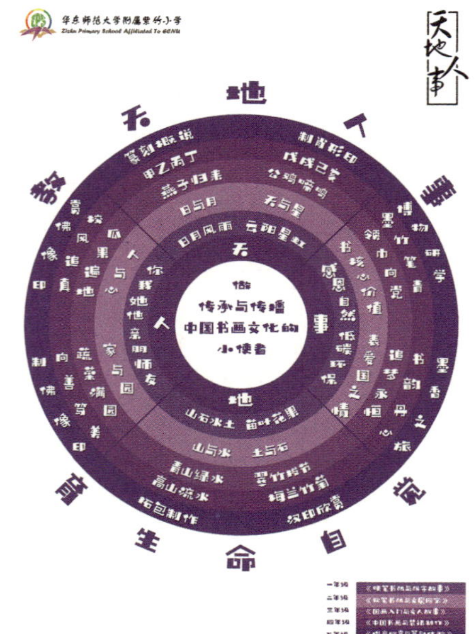

天地人事—书画文化育美课程图谱

其次，在书画美育课程中，我们还根据学生的身心发展特点和认知规律，把国家部编教材的生字学习作为参考依据，从“天、地、人、事”四个领域，设计选择相应的内容，让学生了解书画文化的起源，在观察体验中找到书写、绘画的规律，学会按照相应的技法（或规律）去书写并创作，表达心中美好的愿望，从中培养学生向上向善、勤思乐创的品质。

4. 五阶逐级实施

从学校培养目标出发，依据校本课程建设的价值取向和《上海市中小学拓展型课程纲要》的具体要求，学校书画项目团队认真绘制一至五年级《天地人事》书画文化育美课程的总纲要，认真制定五个分年级拓展课程的“一科目一纲要”，在“科目背景、科目目标、科目内容、实施策略、评价管理”五大方面进行全面而详实的阐述，为后续的教学设计指明方向。

一年级"硬笔书法与汉字故事"科目表(纲要)

课程名称	硬笔书法与汉字故事	授课老师	张勤凤
科目背景	在"学校，让生命更灵动!"的办学理念的指导下，我们打造生命灵动的书画课堂。《硬笔书法与汉字故事》课程是学校《天地人事》书画文化育美课程中的起始课程，针对一年级学生的身心特点，将硬笔书法与汉字故事相结合，教育学生"先心正后笔正"，培养学生"善思考、乐创造，能合作，乐表达"的综合能力，让学生成为传承与传播中国书法文化的小使者。 有人说："一个汉字就是一个故事。中华民族的文化'基因'，几乎都隐藏在一个个汉字对所要反映的事物的摹画、概括和美化之中。"汉字从形态到内涵，不仅是一种独特的文化符号，而且是一种形象生动，有社会文化背景、生命意识、民族思想、生活智慧的文化元素。奇妙的汉字，一笔一画都有故事。本课程结合汉字故事，对汉字的文化底蕴进行探讨，将汉字中蕴藏的丰富多彩的文化内涵与充满情趣的故事联姻。一年级的孩子们在该课程的学习中，能走进汉字的文化宝库，走进汉字的奇妙世界，领悟中国古汉字的神妙话语，既在过程中掌握硬笔书法的基本规范，又调动了他们对汉字学习的兴趣，还能组字创作表达心中美好愿望，提升自己的品行修养。 执教《硬笔书法与汉字故事》课程的张勤凤老师：本科学历，毕业于上海师范大学美术专业和小学教育专业，中学高级教师，有着 27 年的语文、写字执教经验，已形成一定的教学风格。		
科目目标(育人价值)	1. 学习硬笔书法，观察"笔画结构"，掌握书写规则，学会正确书写。 2. 了解汉字故事，感受中国文化艺术之美，传承祖国的优秀文化。 3. 独立组字创作，乐于表达评价，培养向上向善、勤思乐创的综合素养。		
科目内容	在内容设计上，《硬笔书法与汉字故事》课程基于一年级学生的心理发展和汉字认知规律，结合一年级部编语文教材的生字学习作为参考依据，从"天、地、人、事"四个领域，选择相应的汉字进行学习。结合汉字故事，让学生了解汉字的起源和演变，然后在观察体验中找到汉字书写的规律，学会按照相应的技法(或规律)去书写，再选字组合创作硬笔书法作品。		
实施要点	1. 学习对象：一年级学生。 2. 课时安排：一学期 16 课时。 3. 活动地点：班级教室。 4. 实施策略： 以硬笔书法结合汉字故事，激发学生学习硬笔书法的兴趣。 以多学科综合融通的方式，培育学生创新书法创作的综合能力。		
评价管理	1. 日常学习表现评价，从"练习、倾听、探究、表达、合作"五大视角展开评价，争"蜜蜂章、大雁章、鼹鼠章、灵猴章、蚂蚁章"。 2. 阶段学习成果评价，评出"落笔展艺奖"一、二、三等奖。 3. 期末学习综合评价，评选书法学习荣誉奖章——"破土青芽章"。		

二年级“软笔书法与文房四宝”科目表(纲要)

课程名称	软笔书法与文房四宝	授课老师	张璇
科目背景	中国书法在我校创办以来，始终处于七彩校本课程的重要地位。2012年，当时我校只有低年级，就在一年级尝试开展了毛笔书法课，小班化的教学给学生提供了个性化指导的空间。 随着学校的日益壮大，书法拓展课在中高年级也逐渐开展。今年，学校以申报“书法创新实验室”项目为抓手，将书法课程序列化，形成了不同年段、不同主题的书法课程。而《软笔书法与文房四宝》即是以二年级学生特点为基石，针对他们开展的系列书法课程。 中华五千年文明的传承，文字为重要载体。书法教学也是在传承中华五千年文明史，它对于增进学生的爱国主义情感具有极其重要的作用。同时，它还具有实用性和艺术性双重价值。通过书法教学对学生进行审美和品德教育，不仅增长学生的美学知识，还能提高学生的审美能力和品德素养。学习书法是一个感受美、领悟美和创造美的综合过程。课程旨在让学生了解和接触多种书法形式，接触更多的艺术表达方式，训练美化字形的同时修身养性，在传承国学文化、非遗文化的基础上，激发学生的学习兴趣，培养学生创新意识，使学生体验到中华文化之美，培养学生的爱国情怀。		
科目目标(育人价值)	1. 通过赏评课的学习，学生能够了解文房四宝的由来和制作过程； 2. 学会欣赏书法作品中的线条、结构、章法等基本要素； 3. 通过技法课的训练，学生能够学会基础的楷书线条和间架结构； 4. 了解中国书法中包含的美学思想，进而提升学生的审美力和表现力。		
科目内容	《软笔书法与文房四宝》课程首先从了解汉字的起源和演变过程入手，带领学生赏析不同字体的特点。然后，选取楷书作为软笔书法的启蒙字体，从书法作品的结构、点画、毛笔书法开始学习。最后，进入到单字创作，学习作品的章法，并独立完成作品。 基于低年段的学生特点，《软笔书法与文房四宝》课程选用上海市中小学拓展型课程指定教材《书法》和中央编译出版社出版的《汉字的故事》作为参考依据，校本教材的框架得以初具雏形。		
实施要点	1. 学习对象：二年级学生。 2. 课时安排：一学期16课时。 3. 活动地点：书法教室。 4. 实施策略：选用基础的米字格书法描红练习纸，结合《汉字的故事》，让正处于识字阶段的低年级孩子在书写正楷体字、美化字形的同时增强对汉字的识字兴趣。		
评价管理	1. 日常学习表现评价，从“练习、倾听、探究、表达、合作”五大视角展开评价； 2. 阶段学习成果评价，评出“墨韵传神奖”一、二、三等奖； 3. 期末学习综合评价，评选书法学习荣誉奖章——“拔节紫竹章”。		

三年级“国画入门与文人故事”科目表（纲要）

课程名称	国画入门与文人故事	授课老师	徐思渊、卢玫秀
科目背景	我校于2011年开办，在高位起步、稳步发展的过程中，学校设计并开发了校本“七彩课程”，构建了包括“文学与艺术”在内的五大领域课程。 现在学生接触传统文化的机会比较广泛。学生有极大的兴趣和好奇心去主动学习传统文化，并了解这个拥有5000年历史的祖国，增强民族责任感。此外，了解文人故事，学习他们身上坚毅的品格，对提高学生的人文素养、明辨是非的能力以及传承民族历史文化有着重要作用。小学三年级的学生有一定的绘画能力，在美术课中刚刚接触国画，可以运用所学美术知识，以文人故事作品为题材，用国画形式来创作，提高创新能力。 《国画入门与文人故事》选择的教学内容是孩子喜闻乐见的著名诗人、文人作品，把专业的要素法则简单化，这样学生就会有兴趣利用学到的美术基本技能表达自己的情感。通过一段时间的练习和创作，学生对创作的基本要素和法则也有所掌握。他们不仅可以学到国画知识，通过阅读了解文人故事和作品，还可以拓展视野，开发创造性思维、空间想象力，为以后的学习之路奠定良好的基础。 执教课程的徐思渊老师为美术学科小高教师，教学经验丰富，对于学生的国画入门教学颇有心得，在学校一直负责学生国画社团的教学，多次公开展示，获得一致好评。卢玫秀老师虽是青年教师，历史专业研究生毕业，个人积淀深厚，对于中国传统历史、文化兴趣浓厚，多次为学生开设历史、文学的毕业季课程。		
科目目标（育人价值）	1. 在实践探究过程中，以文人作品的相关内容为主题，学会搜集、整理资料，进行创作等学习活动。 2. 在欣赏的过程中，了解中国文人故事和作品，增强民族自豪感，激发学生对传统文化的喜爱。 3. 在体验创作的过程中，初步学习并掌握国画基础知识和基本技能，并尝试运用所学美术知识，提升艺术的审美力和表现力。		
科目内容	国画即“中国画”，是中国的传统绘画形式，简称“国画”。主要是在绢、宣纸、帛上绘画并加以装裱的卷轴画，或是用毛笔蘸水、墨、彩，作画于绢或纸上。工具和材料有毛笔、墨、国画颜料、宣纸、绢等。题材可分人物、山水、花鸟等。技法可分具象和写意。国画在内容和艺术创作上，体现了古人对自然、社会及与之相关联的政治、哲学、宗教、道德、文艺等方面的认知。 《国画入门与文人故事》课程基于书法课程群的整体设计，开发“天、地、人、事”四个主题单元，每个单元分为欣赏和体验两部分的内容，共16课时。教师主要围绕国画的各个要素和诗文名作欣赏导读展开教学。学生从国画基础知识入门，初步了解绘画技法，根据文学名家的诗文作品、历史故事进行实践创作，表达情感。		

续 表

实施要点	1. 学习对象：三年级学生。 2. 课时安排：一学期 16 课时。 3. 活动地点：美术教室。 4. 实施策略： 以国画课程结合文人故事，激发学生学习国画入门课程的兴趣。 以多学科综合融通的方式，培育学生创新书画创作的综合能力。
评价管理	1. 日常学习表现评价，从“练习、倾听、探究、表达、合作”五大视角展开评价。 2. 阶段学习成果评价，评出“妙笔生花奖”一、二、三等奖。 3. 期末学习综合评价，评选书法学习荣誉奖章——“拔节紫竹章”、“成长翠笋章”、“破土青芽章”。

四年级“中国书画与装裱制作”科目表(纲要)

课程名称	中国书画与装裱制作	授课老师	魏婧姝
科目介绍	我校的系列书画课程主要由艺术和语文教师设计实施，他们具备书法、美术或汉语言文字专业功底，加上社会资源的引进，目前已经逐步形成一支有特色的专业化队伍。 执教《中国书画与装裱制作》课程的魏婧姝老师，硕士学历，毕业于华东师范大学美术学系书法专业，师从周斌教授，有着深厚的书法功底。2011 年进入我校教授语文和书法课程。 四年级学生的软笔书写已经达到一定水平。他们急需完成一些作品，用于纪念每一个他们想要挥毫泼墨的时刻。此外，他们总是期待能完成精致的作品，用来回报老师，赠送朋友。 “能书善画，还要有动手操作的能力”——《书画作品创作与装裱制作》课程在学生学习水平和能力逐步提升的基础上，就应运而生了。创新实验室的建设，以及装裱设备的到位，让课程得以实现。		
科目目标 (育人价值)	1. 了解中国书画装裱作品中所包含的美学思想。 2. 了解楷书作品的章法布局，落款要求及印章要求。 3. 会创作简单的作品，创作扇面、斗方、团扇、条幅作品。 4. 了解书画装裱基本知识，在老师的指导下，学会操作设备，简易装裱。		
科目内容	1.《中国书画与装裱制作》课程从汉字演变过程入手，带领学生赏析不同字体、绘作的特点。 2. 将经典名句、校训等加入作品主题的创作指导，并针对落款进行了天干地支纪年法的趣味学习，初步认知落款的要求和印章要求。		

续　表

	3. 集字创作，学习作品的章法，并独立完成作品。 4. 进行简单的装裱学习，初步学会托裱。 本学期选用颜真卿的《多宝塔碑》教学范本。颜真卿是盛唐时期的代表书法家，《多宝塔碑》反映的是他早期的书法风貌，字体工整细致，结构规范严密，用笔一丝不苟，是初学楷书最通行的范本。
实施要点	1. 适合学生：四年级选修。 2. 活动场地：书法创新实验室。 3. 课时计划：一学期 16 课时。 4. 时间安排：快乐活动每周 1 课时。
评价管理	1. 书写端正，章法合理。 2. 了解装裱程序。 3. 能完成整幅作品的创作和托裱程序。

五年级“提高欣赏与篆刻体验”科目表(纲要)

课程名称	提高欣赏与篆刻体验	授课老师	冯倩、沈诗熠
科目介绍(开发背景)	学校自 2011 年创办以来，就将书法教学摆在重要位置。引进专职书法教师，不仅在基础型课程中开展硬笔书法教学，同时在七彩拓展课程中，开设了毛笔书法课。 随着学校的日益壮大，书法课程在各个学段逐步普及。去年，学校以申报“书法创新实验室”项目为抓手，将书法课程系列化，形成了不同学段、不同主题的书法课程，由专业教师、艺术类教师和语文教师共同设计实施。他们具有书法、美术或汉语言文字专业功底，加上社会资源的引进，目前已经逐步形成一支有特色的专业化队伍。 其中，五年级开设《提高欣赏与篆刻体验》课程。执教的冯倩老师，硕士学历，毕业于江苏师范大学书法理论与创作研究专业，三年硕士主攻篆刻方向，师从侯学书教授，师爷爷朱复戡先生，具有深厚的书法、篆刻功底；沈诗熠老师，汉语言文学专业毕业，具有深厚的文学底蕴，两人优势互补，并从欣赏和体验两个角度开展教学。		
科目目标(育人价值)	1. 在欣赏的过程中，学会判断篆刻作品的风格，了解中国书法中包含的美学思想，发展学生观察、想象、思维能力。 2. 在体验创作的过程中，学会运用篆刻的技法和用刀要求，初步培养计划性、坚持性；激发探究篆刻的学习兴趣，提高动手实践能力。 3. 在外出实践的过程中，依托博物馆、展览馆资源，进一步拓展视野，提升对中国传统文化的认同感和自豪感，增强保护和继承非物质文化遗产的意识。		

续　表

<table>
<tr><td>科目内容</td><td>篆刻起源于殷商时代，是书法和镌刻的结合，是用来制作印章的艺术，是汉字特有的艺术形式，讲究印面的协调和美化效果的特殊艺术类型，具有艺术审美价值。
《提高欣赏与篆刻体验》课程基于书法课程群的整体设计，开发天、地、人、事四个主题单元，每个单元分为欣赏和体验两部分的内容：从欣赏古文字中“天”的演变入手，初步了解篆刻的历史和发展。首先，通过制作拓包，初步体验篆刻艺术；从佛教文化入手，介绍佛教圣地，初步了解佛像印的缘起及意义，并欣赏佛像印作品，了解其特点。其次，通过制作佛像印，学习篆刻技法和用刀要求；从欣赏不同类型的肖形印出发，讨论人与自然，人与社会的关系。另外，选取生肖作为主题进行设计制作，进一步提升篆刻技法，初步了解章法布局；之后，通过博物馆研学，近距离接触大师作品。最终通过校园觅景，为“校园十景”完成诗书画印毕业创作，献礼母校。
本课程主要参考《篆刻教程》（首都师范大学赵宏著）及《中国书法史绎》，并基于学校的顶层设计和学生的年段特征，以图形印作为儿童篆刻入门，选取佛像印和肖形印，编写校本教学资料包。</td></tr>
<tr><td>实施要点</td><td>1. 适合学生：对篆刻有兴趣的五年级学生，班额为 20 人（也可自主网上选课，不受人数限制）。
2. 活动场地：书法教室（线上）。
3. 课时计划：一学期 16 课时。
4. 时间安排：线下利用每周一“快乐活动日”进行，每次上课时间 1 小时。</td></tr>
<tr><td>评价管理</td><td>在注重学习过程评价的同时，采取多种多样的评价方式，不仅要关注学生习惯的养成，更要关注学生搜集信息、语言表达、合作能力、创新意识、情感表现等。
<table>
<tr><th colspan="6">评价记录表</th></tr>
<tr><th rowspan="2">项目</th><th rowspan="2">内　　容</th><th colspan="4">评　　价</th></tr>
<tr><th>优秀</th><th>良好</th><th>合格</th><th>加油</th></tr>
<tr><td rowspan="2">学习表现</td><td>对篆刻学习兴趣浓厚，积极投入</td><td></td><td></td><td></td><td></td></tr>
<tr><td>善于倾听，主动表达，愿意与伙伴合作</td><td></td><td></td><td></td><td></td></tr>
<tr><td>学习能力</td><td>能借助多种资源，初步了解篆刻基础知识</td><td></td><td></td><td></td><td></td></tr>
<tr><td rowspan="2">实践能力</td><td>能独立或合作创作篆刻作品</td><td></td><td></td><td></td><td></td></tr>
<tr><td>能用喜欢的方式展示学习成果</td><td></td><td></td><td></td><td></td></tr>
</table></td></tr>
</table>

5. 集团学区共建

（1）资源共享，赋能学区

学校书画文化育美课程项目开发组以书画创新实验室为载体，配备具有安全性、实践操作性、学科兼容性的信息化硬件和软件，注重现代技术与教育教学的有机融合。信息技术支撑下的书画文化育美课程再构是让数字技术与学习直接对接，并未抛弃传统的书画学习工具，而是实现数字化学习工具与传统学习工具的协同运用，让技术成为师生教与学的底层支撑，让技术贯穿教学的整个过程。现代化技术的运用为书画教与学不断赋能增效。

中共中央、国务院印发的《教育现代化2035》提出了“更加注重融合发展，更加注重终身学习，更加注重共建共享”等八大教育理念。秉持这样的理念，我校与华东师范大学第二附属中学分享共享空间的华二附属初中开放教室、创新实验室教学的实践经验，让华二学子也能开展书画文化的学习与研究，使书画文化育美课程学习得到了小初有效衔接，课程成果得到了有力推广，也提升了家长的认可度与社会的认知度，在区域内起到了一定的引领和示范作用。近年来，学校将经验向全国部分学校推广，新闻媒体《今日头条》《第一教育》《上海教育新闻网》等媒体报道3次，学校成为在百姓心目中“特色亮起来”的优质学校。

（2）协同举办，其乐无穷

弘扬传统文化是每个学段的重要任务。以传播书画文化、厚植传统文化素养为根本诉求的美育教育得到了学校的极大重视，我们多次牵头组织或参与不同主题的文化活动。

活动1：手绘百米长卷，书写爱国情怀。

2019年是中华人民共和国成立70周年，华东师范大学附属紫竹小学、华东师范大学附属永德实验小学的小伙伴们通过手绘百米长卷，以书写爱国词句的方式表达对祖国妈妈的爱与祝福。

孩子们稚嫩的语言、缤纷的绘画，流露出他们对学习、对生活和对祖国妈妈真挚、热烈的爱。

活动2：石榴情暖聚人心，长卷画意育匠心——两校教师共书活动

2019年9月10日，第35届教师节。一早，校园就沉浸在爱的海洋中。华东师范大学附属紫竹小学和华东师范大学附属永德实验小学两所姊妹校的工会联手，在张计蕾校长的带领下，开展"石榴情暖聚人心，长卷画意育匠心"为主题的两校教师共书活动，为两校教工赠送教师节的特别礼物。两校教工共同书写下对祖国的祝福："繁荣、昌盛、和平、安康……"表达了老师们对伟大祖国的美好祝愿。"汉代的简牍、隶书，唐代颜真卿的楷书、孙过庭的草书，宋代米芾的行书"等不同的书体也展现出了教师们深厚的书法功底。"竹子"、"常春藤"两校文化意象相互交融，表达成姐妹校间的深厚情谊，携手走向灿烂的未来！

(3) 贯通培育，持续发展

"一切为了学生的发展"。紫竹园区内涉及幼儿园、小学、初中和高中。集团化办学注重资源共建同享、价值最大化利用，在教育上更加注重学段衔接，挖掘学生的特长，实现持续发展。在这样的理念引导下，紫竹园区培养了一批在传统文化传承上有一定发展潜能的学生。

2015 年，程赫同学转学来到华东师范大学附属紫竹小学就读。我校丁学玲老师时任该班的语文老师。作为书画项目组的重要成员，她坚持让学生诵读《三字经》《笠翁对韵》《孙子兵法》等古代文学典籍。同时，定期举办班级“朗读者”活动，让学生在自主交流中，激发对中国历史故事与人物等中国传统文化的兴趣，带动班级学习传统文化的阵阵热潮。该班也曾多次代表学生参加闵行区组织的传统文化诵读活动，先后获得闵行区三等奖、优秀表演奖等。程赫同学在整个过程中，不仅表现出对传统文化学习的极大热情，还能背诵、熟诵《笠翁对韵》《孙子兵法》等相关文化典籍。难能可贵的是，每次有活动，他都会积极参与。三次区传统文化诵读活动，他是主角；“玩转汉字庆六一”学区展示活动中，他是重要的主持人；毕业典礼中的古诗“飞花令”节目，他是主持人也是方案策划者。四年的紫竹小学学习生涯，不仅让他亲近了传统文化，更让文化深刻记忆在他的脑海中。进入中学以后，他仍然像小学时一样，每天都会背诵古诗词。不久，他被选入校级古诗词社团，继续深入学习。在中学就读两年中，他先后获得闵行区古诗词大赛一等奖，上海市古诗词大赛二等奖的佳绩。

四(2)班的魏馨诺同学进入紫竹小学一年级后，在书画校本课程的学习中爱上了书法。经过学校四年多的精心培养，她积极参加各级各类书画比赛，获得佳绩：先后获得全国第五届“足迹”少年儿童美术书法活动金奖，第二十四届全国中小学生绘画书法作品大赛书法类三等奖，上海市教育学会书法教育专业委员会及上海市书法家协会中小学工作委员会“丹顶鹤”奖，第二届“紫竹杯”书画大赛毛笔“传神”一等奖、硬笔书法二等奖，2019 年华师紫小绘画书法作品展校园选拔赛一等奖，还和学校书法团队一起前往日本，和当地小学生一起切磋书法技艺，成为传承与传播中国书法文化的小使者。2020 年被评为“闵行区优秀传统文化之书法小达人”，并写下了“我与中华传统文化(非遗)的故事”。

我与中华传统文化(非遗)的故事

魏馨诺

中华民族拥有五千年的悠久历史,许许多多优秀的传统文化瑰宝令人赞叹、让人沉醉。在漫长的历史进程中,中华文化不断积累、沉淀,汇集了炎黄子孙的经验和智慧,绽放出人类文明史上无与伦比的美丽。其中,中国书法以其独特的魅力,成为世界最美的艺术之一。

中国书法之美,源于中国汉字之美。汉字在漫长的演变发展中,一方面起着思想交流、文化继承的社会作用,另一方面本身就是一种独特的造型艺术。汉字和书法,互为表里,相辅相成,相得益彰。汉字因书法而有无限生动的形式之美,书法因汉字而有无比丰富的内涵之美。而书法和汉字之美,又都根源于自然之美。鲁迅先生曾经这样评价书法:“它不是诗而有诗的韵味;不是画而有画的灵动;不是舞而有舞的飘逸;不是歌而有歌的悠扬。”中国书法的美是线的美、力的美、光的美以及表现个性的美。正是由于书法艺术这种独特的美,当我在幼年刚刚接触它时,便产生了强烈的好奇心以及浓厚的兴趣。

我的爷爷是一位书法爱好者,收藏了很多书法大家的字画,每一件都是艺术品。我从小经常看着爷爷挥笔书写,爷爷陶醉其中的样子看上去很享受。长大一点,我便蠢蠢欲动,想要试试拿毛笔。虽然只会“画”横竖圈,但依然觉得很有趣,这种对书法的兴趣便为我之后学习书法播下了种子。

四岁那年,我正式开始学习书法,先由硬笔入手,学习楷书,每周三练,风雨无阻。两年后加习毛笔,同时保持硬笔练习不辍。七年里最大的爱好就是写字,练习过的宣纸在家中堆成小山。进入小学之后,书法给我带来了更多的快乐:写作业又快,字又好看,获得了很多的肯定。很多同学都觉得写字很枯燥很困难,心神不定想出去玩,我却从来没有这种感觉。写字时的我,就像一个人在自己的世界里,那里有亭台楼阁,到处是鸟语花香。

在学习书法的道路上,我很幸运遇到了穆老师,他出身书香世家,比我更痴迷这门中华艺术,而且特别爱钻研。有时候为了一个字要怎样运笔才能更好地表达整篇作品的意境,我们往往会一起反复构思、研习、实践。在他的悉心指导下,我对书法的理解以及运笔掌握不断进步。在穆老师的鼓励下,我开始尝试参加各种书法比赛。记得一次平复帖书法比赛,我写的作品是137字的《王原祁画论》。这是我第一次尝试平复帖,也是第一次写篇幅这么长的作品,所以不仅是对我书法水平的一次测验,更是对我心理素质的一次磨练。写错一个字就要重新来一遍,最后写了十几遍,中间有泪水、有灰心,但更珍贵的是坚持到最后的喜悦。在各种书法比赛中,我获得了一些不错的成绩,书法不仅让我成长,更带给我不一样的快乐!

我很幸运,我就读的华东师范大学附属紫竹小学很注重书法。学校有很多和我一样热爱书法艺术的同学,老师们也利用各种方式,向我们传播着书法艺术的魅力。学校经常组织书法竞赛、展览,不仅在校内开展书法交流和学习,还经常带领我们参与对外交流、学习。在书法老师的带领下,我和同学们一起去兄弟学校进行书法交流展示,把自己的爱好展示给大家,让更多的人了解这门传统文化并一起学习,非常有意义。2019年,学校被评为书法特色学校,我为我的学校感到骄傲,同时我的书法作品也有幸获得"丹顶鹤奖"。

我曾先后两次随学校书法团参加"中日友好学书法交流访问"。将书法这门中华传统艺术带出国门。第一次是前往日本大河源小学。2019年的9月,我们一行20多人来到日本大河源小学,代表着中国新时代少年的形象,把中国传统文化带到日本,现场展示书法技艺并将作品赠送给日本小学,"锦绣中华""友谊长存"等书法作品架起了两国师生间友谊的桥梁。我们还一起体验日本学生的书法课,相互切磋。

虽然语言不通，但书法艺术的共通性让我们交流没有阻隔，非常愉快，我想这就是书法艺术的魅力所在。

2020年1月，我第二次随学校访问团来到日本，对福井大学附属小学进行访问交流，又一次把中华传统文化带到国外。我特地准备了自己书写的春节对联，把这份来自中国的祝福送给日本寄宿家庭。对方很喜欢这份特别的礼物，并夸赞中华传统艺术很美妙。当时我的心里美滋滋的。那次，我作为学生代表发言：作为当代学生，我深深地感到传承并发扬中华传统文化的重要性。

中日交流访问后不久，新冠肺炎疫情在武汉爆发，全国拉响了抗战疫情的警报。这时候，日本的伙伴们得知中国疫情严重以及防护物资的匮乏，立即行动起来。学校收到日本学校寄来的口罩，日本的同学们也纷纷给我们寄来祝福的卡片，一张张画作上都是他们手写的中文“加油”。我们非常感动，因书法结缘，让两国少年互相牵挂，互相鼓励，再一次让我感受到发扬传统文化的重要。

在2020年疫情期间，我宅在家不给祖国添麻烦。为了表达我的抗疫心情，我积极参加抗疫书画活动，通过书法作品来表达对“守护天使”、“最美逆行者”等抗疫一线人员的敬佩和祝福，为祖国加油。我用自己的方式为抗击疫情添一份小小的力量，这是书法带来的力量。

地球是个大家庭，“越是民族的，越是世界的”。书法艺术除了能成为互相交流、加深认识、增进友谊的桥梁，更让我明白，所谓中华传统文化里“修身、齐家、治国平天下”的起点应该在哪里。

作为一名当代少先队员，传承并发扬中华传统文化是我们的使命。书法艺术是我们民族文化的载体，历史悠久，源远流长，宏大精深。而我目前所学的只是凤毛麟角，我会继续探索书法艺术的精髓，学习不同的书体，领会不同书法形式的美：庄严的美、雄强的美、优雅的美、粗犷的美、爽劲的美……书法丰富我的审美经验，去发现生活的美，自然的美。书法可以让我变得更加沉稳、沉淀心灵。我会努力在自己学习书法的过程中，影响身边的人，让更多的人喜爱书法这一美妙的传统文化，从中获得快乐与成长，让中华传统文化继续发扬光大。

中日交流

教书法的魏老师在全校升旗仪式上特别介绍了魏馨诺同学，魏同学因此成为同学们学习的榜样。

魏馨诺二三事

魏婧姝老师

初次见到魏馨诺的名字，是在她三年级的时候。那次，从我拿到比赛通知到需要送出作品，只有 2 个小时的征集时间。我心里想：这下完了，谁能在短短两个小时内完成这个艰巨的任务呢？我没抱任何希望待在学生部，对这次能送出参赛作品，没有一点谱。一个小时后，魏馨诺的妈妈风尘仆仆地拿着两张作品冲进了学生部，她知道事出紧急，就拿了馨诺平时写好的作品急匆匆赶来。我看到她娟秀的隶书，心里有了底。从那以后，我知道了这个书法好苗子——魏馨诺，她是个有准备的人。她的妈妈全力支持。

第二次与魏馨诺打交道，是她在四年级的时候。我们去日本游学，在日本的倒数第二天，我们住宿的地方换到了海边，住在类似集体宿舍的地方，上下床铺，晚上上厕所要穿过长长的走廊，到对面的房间去。房间里的魏馨诺拨通了妈妈的电话，向妈妈诉说着远离爸妈、远离家乡的苦楚。她抽泣着，妈妈在电话那头用柔声细语安慰着她，我想她的妈妈应该也心疼远在他乡的孩子，忍不住流泪了吧！看到这一幕，我不禁心酸起来，拍着馨诺的背，询问她到底怎么了。这时，电话那头传来她妈妈的声音："孩子，你周围是有同学老师的，对吗？那么你是安全的，妈妈就放心了。记住，你现在已经走出了国门，要坚强点，妈妈相信你能快速调整好自己的情绪，对吗？"听着对面突然提高的音量，我相信这铿锵有力的鼓励，给了馨诺力量，她马上抹干眼泪，帮着同寝室的学妹整理床铺去了。

从此以后，我就关注到这个女孩，从学生活动到书法赛事。她每次送来的作品都是高质量，很有设计的样式。直到"莘城杯"报名截止日那天，我看她一直没有报名，就请冯倩老师去问她要不要参加，得到的答案是否。我不太相信，虽然"莘城杯"是一次现场书写比赛，以她的实力不应惧怕。可是她的课与比赛时间有冲突。在最后一天她终于给了我确切的报名信息。那天，恰巧报名网站登不进去，等到八点多，她妈妈急切地询问报名情况。当时我知道报名时间快要截止了，但是想到她们一直以来的努力和坚持，我不忍心让这个认真的姑娘失望。我拨通了主办方的电话，请求再给我们开通一下通道，让我马上回学校报名。我毫不犹豫从家里赶到学校，抢在截止时间之前为她报上名。因为你努力，所以我珍惜。

第三次，我从其他方面也认识了她。那天我在班级批作业，她和搭档进教室讲解值周事宜。我以为这么文弱的姑娘会怯场，没想到她落落大方，声量适中，表达清晰，是个演讲的好材料。以我对她的了解，前面的讲解肯定是她花了很多时间记忆下来的，但是接下来的提问环节，她的表现也让人眼前一亮。回答思路依旧清晰，声音一样稳定，不慌不忙，思路清楚，要点鲜明，没有多余的话。这就是我眼中优秀的少先队干部的形象。

2020年7月，作为优秀毕业生的崔子越同学顺利进入华师大二附中附属初中学习。出生于书香之家的她，父亲是华东师范大学书法专业的教授，她从小耳濡目染，对书画特别喜爱。五年前进入紫竹小学后，在学校精心培育和父母大力支持下，更加痴迷书法，在各级各类比赛中屡获佳绩。如："平复帖杯"上海市中小学师生书法展小学软笔组一等奖、上海市书法作品"丹顶鹤"奖。学校还推选该家庭参加上海市"书香家庭"评选，成功获评。

文化浸润，墨韵飘香

我叫崔树强，博士毕业于北京大学美学专业，现在是华东师范大

学美术学院书法系教授、博士生导师，同时担任华东师范大学中国书法教育与心理研究中心主任，兼任教育部重点人文社科研究基地北京大学美学与美育研究中心研究员、中国书法家协会教育委员会委员（上海市仅一名）、上海市书法家协会理事兼教育与交流委员会秘书长等。我长期从事中国书法的教学、创作和理论研究工作，已出版专著9部，主编和参著7部，发表论文100余篇，主持完成多项国家社科和教育部项目。我的妻子廖丹硕士毕业于北京大学艺术学院，现在华东师范大学攻读书法专业博士学位。我们有2个孩子，女儿崔子越正在华东师范大学附属紫竹小学读五年级，儿子崔子墨快2岁了。我们夫妇的专业和爱好都是书法，我们也努力为孩子们营造一个书香氛围浓郁的家庭环境。

2019年9月，我在上海举办了第一次个人书法作品展和新书发布会。开幕式那天，上海市书法家协会顾问徐正濂、主席丁申阳、副主席兼秘书长潘善助、副主席张索、北京师范大学博导李洪智教授、首都师范大学博导何学森教授等名家、华东师范大学美术学院的领导和相关院系教授、专家以及嘉宾200多人莅临现场，参加展览开幕式和作品恳谈会。中国书法家协会副主席、教育委员会主任翟万益先生还专门发来了贺电："崔树强年轻有为，著作丰硕，他的学术成果致力于探讨中国书法的审美性和文化性，给人很多启发。我认为，他在理论和创作上齐头并进的发展思路是完全正确的。"上海市文联副主席、上海市书法家协会主席丁申阳说："崔树强是书法教育和理论方面的知名学者，有相当多的著作。其书法作品遵循传统正路，各种书体都有相当高的造诣，尤其是在理论与创作两方面都取得可观成果，是一位值得我们学习的老师。"上海市书法家协会驻会副主席兼秘书长潘善助在开幕式上致辞说："崔树强是技道两进的书法家，目前他已出版了近20本著作，发表了上百篇论文，这些成果在青年书法家中非常突出。"华东师范大学终身教授阮荣春在展览序言中说:"崔树强是近年来引进的华东师范大学任教的青年学者"。他在书法研究方面已经取得了出色的成绩,显示出他在书法这一领域辛勤耕耘的成果。

虽然女儿经常能看到我练习书法,但是,当看到展厅里的几十幅书法作品,还有我写的书和文章时,她感到非常震惊。展厅里有一幅草书,2.4米高,6米长,占了一整面墙。展柜里,既有小楷手卷,也有对联、条幅、扇面等,可谓琳琅满目,目不暇接。嘉宾们有的在欣赏作品,有的在合影留念。华东师范大学紫竹小学的老师和同学也来了。展厅里既热闹又有序。大家一边走,一边浏览作品,并对我的作品给予了很高的评价,开幕式隆重热烈。在开幕式上,我爱人廖丹宣读了中国书法家协会副主席翟万益先生的贺信。女儿崔子越还上台献了花。我们希望通过言传身教,给孩子营造一个良好的环境。

受我们的影响,崔子越五岁开始练字。她参加过班级祭祀屈原活动的书法表演。在家里,有她专门练字的地方。她的书法作品也经常参加比赛。练习书法,既是辛苦的,也是快乐的。我们试图通过书房的陈列和布置,使女儿喜欢练字的环境。我们还让女儿尝试在不同的纸上书写,并鼓励她为班级写黑板报。她曾经在我的书法工作室的地上写大字。她感到新鲜好奇而又兴致勃勃,因为那和在桌子上写字的感觉是不一样的。"笃美",是紫竹小学的校训,激励孩子们一心一意追求真、善、美。崔子越把它写成了书法作品,送给了来校访问的意大利客人。2019年,崔子越参加了"平复帖"杯上海市中小学师生书法比赛,很幸运地获得了一等奖。我们专程陪她去松江图书馆参观了展出的作品,她非常有成就感。我们告诉她:不管是钢笔字,还是毛笔字,都要经常练习。她练过隶书和楷书,也写过篆书。站在自己的作品前,她很开心,而和我们一起参加紫竹小学举办的"家庭才艺秀",她就更开心了。

书法学习的态度、方法对于其他科目的学习也有很大的启发作用。比如恒心和毅力对于书法学习至关重要，而恒心和毅力的养成对于其他科目的学习乃至以后的学习和工作都有很大的帮助。书法学习对于孩子成长的作用不仅仅局限在写好字本身。当我们把书法学习中的道理耐心地讲给崔子越听时，她慢慢领悟到练习书法不仅要苦练，还要巧练，要动手，更要动脑。她觉得写作文也和写书法一样，既要多读书，还要多观察和思考。假期时，我曾带崔子越去杭州参观岳王庙，回来后她有感而发，写了作文《我在岳王庙里》。此外，她参观高邮鸭生产基地的《参观高邮鸭基地》一文也发表在《高邮日报》上，这些对她都是很大的激励。她还喜欢画画，一年级暑假的时候，在家里的地板上举办了第一次"书画展"。除了向妈妈学习古琴，她还坚持学习中国舞，她觉得能够用身体表达自己的感受，是一件很美妙的事情。

现在，她已经养成了六点半开始晨读的习惯。每天清晨，当第一缕阳光照进房间，她便跟随着音频朗读英文，在抑扬顿挫的声调中培养英文的语感。为了珍惜点滴时间，妈妈还会陪她在上学途中的车上背诵英文绘本和古代诗词名篇。自二年级以来，崔子越已经背诵了216首(篇)历代经典诗词和散文名篇，《滕王阁序》《岳阳楼记》《前赤壁赋》《兰亭序》等较长篇章也都能熟练背诵。

崔子越在练习书法的过程中，逐渐培养起对于汉字和母语的情感，由此又带动了对现代白话文和古代文言文的兴趣。她还经常朗诵现代诗歌名篇和著名散文，比如朱自清的《春》《匆匆》《荷塘月色》，徐志摩的《再别康桥》，舒婷的《致橡树》等。在反复朗诵中，锻炼语言文字中的情感表达，锻炼普通话和舞台形象展示，得到了多方面的训练和提高。

崔子越非常喜欢她的学校，紫竹小学是上海市的书法实验学校，非常注重孩子们的全面发展和素质提升。为了给孩子们上书法课，学校有专门的书法教室，环境非常棒。魏老师的教学非常认真非常好，崔子越很喜欢魏老师。崔子越的妈妈曾给紫竹小学的同学开过公益书法课，带领孩子们一起练习书法。她的钢笔字，也很不错。她的普通话很标准，还担任过主持人。崔子越的弟弟才 1 岁多，还不会说话，但好像已经想“看”书了，经常会翻弄家里的书。我们希望他长大了，也喜欢读书。

我们非常热爱自己的幸福之家、书香之家。

五、研究过程

1. 研究思路

在整个研究过程中，我们主要从四个步骤循序渐进，不断深入研究：第一步是文献研究和经验总结。第二步是在此基础上理清关系，构建框架。第三步是计划行动，分段实施。第四步是观察反思，提炼总结。

2. 研究阶段

阶段一：文献调研，厘定核心概念；访谈调查，了解学生需求，明确以素养为本的“大美育”育人目标与内容

借助文献法，查阅相关文献，形成课题文献综述报告。

美育以特定时代、社会、文化的审美观念为标准，以实现人的全面发展为宗旨，以形象为手段，以情感为内核，培养和塑造审美素养，即审美知识、审美能力和审美意识。在“学校，让生命更灵动”的办学理念和“追真、向善、笃美”的校风指引下，确立“雅正立德、创艺树人”的美育教育理念，培养兼具“学古正心、审美高雅、慧创乐享”三种品质，“品行正、知能真、身心健”全面发展的“乐美紫儿”。

同时，注重顶层设计，形成系统运作的机制和循环实践路径。

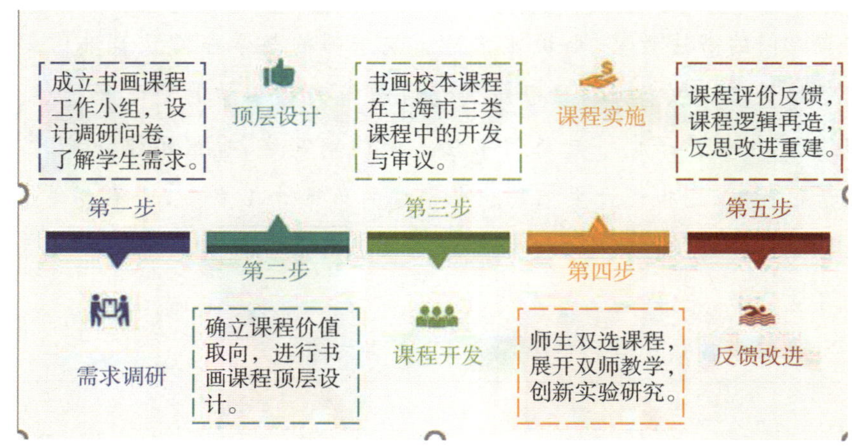

学校美育系统运作机制图

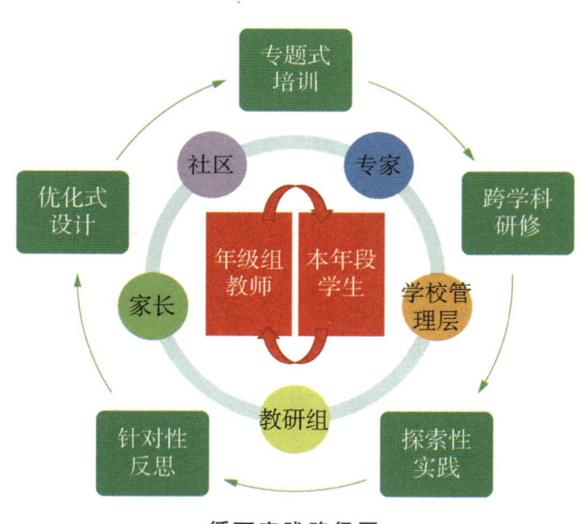

循环实践路径图

阶段二：行动研究，开发与实施课程，紧扣素养培育，形成立体化美育新格局

以课程建设为核心，以教学与评价为关键，以视、听觉环境建设为辅助，多部门协同育人，形成以弘扬传统文化为根基的校本课程，推行兼具渗透性趣味化的审美教学，落实审美评价，达成“三全”审美教育。

阶段三：打造队伍，优化环境，设计具有针对性和有效性的美育保障支持举措

通过专业师资配置、跨学科研修等实现教师内涵式发展；注重环境资源挖掘，形成育人环境；立足教育现代化，建立书画创新实验室，让保障系统成为审美素养培育的坚实基础。

阶段四：问卷访谈，评估反馈；行动反思，有向持续改进，提升育人实效

借助问卷和访谈，评估育人效果；

在行动研究中，不断反思，形成改进策略，完成研究报告，促进文化有宽度、有深度地传播，达成“学校，让生命更灵动”的目标。

第二章
学书画与印，施美善教化

中国书画文化的核心是“以文化人”、“以美立人”，强调的是外在行为到内心情绪、情感体验的教化与塑造。诗书画印的学习目的，并非是单纯技艺的掌握，其目的在于促进人的外在行为与内心体验的一致，是一种道德、审美的教育。可以说，中华书画文化的教育是一种美善相济的教育，让学生在艺术的熏陶、美感的体验中，提升审美素养，根植家国情怀，从内而外地改变着气质、胸襟、趣味、理解心性、社会以及“天地人事”圆融和谐的至善理想。美善教化是全面发展的教育，是每个学生必选的修行，而非特长或一时兴起。我校中华书画文化的教学坚持“赏雅艺、施美善、立德行、润心灵”，多措并举，日臻完善。

一、自下而上的培育

当今社会，现代化、工业化进程不断加速，教育需要教育者自上而下的系统构想，更需要自下而上的学生立场的培育。叶圣陶先生说过：“教育是农业而不是工业”。教师不是生产者，不能将学生视为没有生命的原材料，按既定标准批量生产。教育是精耕细作的“农业”。每个学生犹如不同的农作物，有着不同的生长规律、环境需求。作为教育者，我们要研读他们的特点，提供适宜的环境，不断顺应、满足、引导、期待他们成长。学生的认知、生活和情绪的发展等都是教育的起点与原点。找准起点，才能行远；立足原点，才能致远。

1. 遵循学生认知规律，构建课程系列

认知是个体在认识事物过程中表现出来的注意、感知、记忆、理解等活动。学生的认知发展具有一定的规律性。皮亚杰将认知发展阶段分为“感知运动、前运算、具体运算”和“形式运算”四个阶段。上海小学生满6周岁入学，11周岁小学毕业。整体而言，他们的认知发展水平多处在具体运算阶段。这一阶段的学生能够进行分类、理解逻辑关系甚至进行组合、逆向等群集运算，但是他们离不开具体的事物或形象。

自建校以来，我校书法教师认真研读了学生“从具象到抽象、从分散到聚合”的认知规律，并结合不同学段学生认知发展的水平，在华东师大的支持下，设计了一系列的课程，从而保障书法教育的落实与实施。

学校开办之初招收的都是低年级的学生，因此最早的课程主要是普及书写技法的入门体验课程。此外，学校积极开展汉字溯源、名家鉴赏、现场临摹等趣味性的体验活动，提升学生学习书法的兴趣，感受书法文化的博大精深。随着年级的增长，孩子们逐渐有了“品析赏鉴、信息提取与整合”等方面的能力。针对中高年级，学校开发了面向全体学生的“快乐30分”书法拓展课程，以及书画社团，给书画有特长的孩子打开了更大的视野。在这一阶段，课堂教学的内容、学习形式，都变得更加丰富多彩。书法和国画社团的学生也多次开展班团队活动，展示良好的精神风貌及个人素养。这些都为后期开展“分类更加广泛、内容更加丰富、活动更加多样”的学校书画系列课程，提供经验，奠定基础。

2020年疫情期间，我校基于线上教学的全新形式，书画团队项目组以学校微信公众号为平台，开发了“二十四节气”系列书画文化育美微课。每一节微课，主推一个汉字，将书法、绘画、诗词、自然等巧妙融合，并及时捕捉线下“软笔硬笔书写、个人绘画、诗词诵读、习俗体验”等探究活动，形成“高品质、真实践”的系列课程，满足学生“个性化、序列化”探究传统节气背后的“字源演变、农谚俗语、古诗文积累、历史故事”的需求。同时，结合“晓竹探访重行知”系列主题课程，开放了依托书画文化育美课程的“幸福+”在线短课程（见下页图）。

校本七彩课程五大领域		文学与艺术			社会与生活	运动与生命		创新与科技	世界与未来
线下课程名称（原计划）		色彩装饰画	彩泥制作	书法篆刻		谁“羽”争锋		小小化学师	3D 打印笔 鲸鱼机器人
线上主题式综合活动课程（重新规划）	板块	“灵”机一动	福至心“灵”		心“灵”手巧	“灵”机一动	心有“灵”犀	心“灵”手巧	“灵”心慧性
	主题	新春音乐会	福娃来拜年	紫儿送祝福	鼠年大吉	“宅”家防疫	健康“鼠”于你	牛奶烟花	神奇的思维导图
	内容	了解春晚的意义和节目形式，通过学习舞蹈、自制小乐器、诗朗诵等形式和家人举办家庭新春联欢会。	学习用彩泥制作福娃，用彩纸制作新年挂饰，为家人送上新年的祝福。	了解春节贴“福”的习俗以及“福”的文化内涵和演变过程，学习多种字体的“福”字。	了解鼠年的文化，认识形象各异的老鼠动画形象，制作萌鼠一口酥，收获满满的甜蜜。	小空间也能做运动，了解室内健身的注意事项，学习亲子居家运动，远离“病毒君”。	通过解答近期学生和家长关注的九大疑问，了解新型冠状病毒的传播途径和疾病特征，掌握正确的预防手段，加强自我保护意识。	了解烟花的相关知识，用牛奶、洗洁精、色素或颜料制作漂亮的牛奶烟花，体验探究的快乐，探究化学的奥秘。	了解思维导图的作用，学习绘制的方法，并尝试通过这一方法梳理记录寒假的学习生活。

“幸福十”在线课程：2020，‘鼠’我最灵——晓竹少年宫2020年寒假主题式综合活动课程

疫情爆发正值鼠年新春，家家户户只能居家不出，安静过年。我们的课程结合时节特点，设计了“紫儿送祝福、福娃来拜年、鼠年大吉、牛奶烟花、新春音乐会”5 个课程，让学生和家人一起宅家也快乐，共同庆新春，幸福指数上升了许多。

近几年，我校不断定位于培育目标，从培养“博雅教师”和“乐创学子”双目标出发，挖掘学校课程、家庭与社会等资源，以原有的拓展课程和书画社团为种子基因，逐步拓展。最终，我校形成了渗透国家课程的基础性课、一到五年级全覆盖的自主选修拓展课、注重发现与实践的探究型课、“线上线下混合教学”的系列微课，以及关注实地探访的博物研学课。除了开展学生课程外，为提高教师的书画技能与生活情致，依据四节旋律，学校为全体教工量身定制了“妙手丹青”——由 16 门小课程构成的教师书画文化育美课程。全员参与，按需秒课，专家执教，体验为主，寓教于乐。我们力求扩大艺术范畴，为教师建立了一个新的人际生态、学习生态、文化生态，为学生书画文化育美课程提供有力的师资保障。

伴随学校建设的不断完善，经过近十年的摸索和实践，学校的书画文化育美课程以“ECNU”为价值取向，建构起了以学生认知规律为导向，循序渐进、内容丰实的书画校本课程。

2. 结合课程教学特点，编纂配套学本

为了有效推进五个年级的校本书画文化育美课程，我校书画团队教师，遵循“走进汉字或文人故事——观察追溯体验——多样书写绘画——多元评议佳作”的结构，编纂了一套学生读本。

3. 兼顾师生关键行为，建构教学模型

课堂教学是课程实施的重要环节，也是培养审美素养的关键。基于素养的实践性、思维性和对话性等特征，我校从“雅正立德、创艺树人”的目标出发，力图让学生在书画课程学习的审美氛围中，静心“观察”、大胆“表达”、积极“对话”、自信“创作”、爱上“思考”，在教师注重文化浸润、跨

书画文化育美课程学本

界融合的设计中，在教师反思评价与价值导向中，不断提升学生审美力、创造力，弘扬民族精神，做一个德智体美劳全面发展的社会主义接班人。

由课堂教学模型图可以看出，我校以“雅正立德，创艺树人”为书画文化育美课程的核心理念。其中，内圈为关键学习行为，因此在教学过程中，通过让学生“自主创作、探索观察、有序表达、多向对话”和“深度思考”，从而实现“育德、启智、健体”和“审美”，多维化、全面化发展。

外圈则是教学行为，通过传统文化、家国情怀等多方面开展价值层面的引导，跨界的融合，包括学科的跨界、教师的跨界、学习空间的跨界等，在教学上实现有效的反思评价，从而在整个过程中，让学生都能从“汉字知识、书法技巧、国画鉴赏、人文故事”等方面浸润于传统文化的滋养之中。

4. 针对学生成长需求，选择课程内容

（1）国家课程渗透式融入教学

审美不是让学生死记硬背艺术知识，更不是直接接受审美判断标准，而是在教师的引导下，以兴趣为先导，在真切的创作体验中，获得审美感悟、内化价值。从“感受美、发现美”——“理解美、鉴赏美”——“应用美、创造美”的三步审美实践中，不断“激发审美兴趣”——“升华审美情感”——“内化审美精神”。

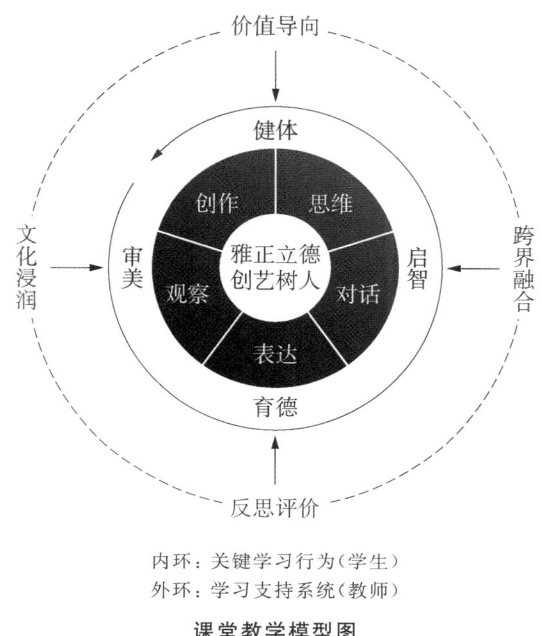

课堂教学模型图

① 一个寻求融合的教学行动闭环

教师通过研读课程标准、教学要求和美育的功能性，寻找到学科教学与书画教学的契合点，进行跨界研讨，确立教学目标和教学流程，并展开教学或活动实践，通过反思实践，提出问题，再次研讨，形成改进策略，最后，加强研读课程标准和书画教学要求，形成一个闭环，让学生“感受美、发现美、理解美、鉴赏美、应用美”和“创造美”。

（2）两门深度融合的学科教学探索

美术课、写字课和书画文化育美课程与美学有着天然的联系。因此，以这两门课程为深度融合的学科，在找到有效融合点的基础上，书画项目团队不断深入思考，系统构建，逐步形成纵向能力连贯、主题鲜明的教学特色。以“写字课”为例，一到五年级的语文教师在日常教学中，系统梳理，分阶段有机地渗透“汉字起源、书法美学、章法布局、结构笔画”等知识，让学生具有审美能力与审美意识。

① 感受和发现美——低年段一二年级。我们主要是介绍汉字起源、发展，五种书体，以及基本的书写工具。因此，我们从汉字的最初形态入手，学生能用毛笔写出隶书线条，并会书写简单的隶书汉字，是主要教学目标。孩提时代的汉字和小朋友们的书写有着很大的相似——结构不成熟，笔画简单，线条缺少变化，但是艺术价值极高，天真烂漫。

② 理解和鉴赏美——中年段三年级。学生在二年级的基础上对书法有了一定的认识，继而上升到美学欣赏层面。书法美学是一门哲学，讲究对称，自然平衡，天人合一。而书法的章法布局从大处着眼，将一个个零散的字排列出不一样的视觉效果，或动态，或静态，或连绵起伏，或牵手而动……通过一个个素材的展示，让三年级的学生对汉字有了大局观。

③ 应用和创造美——高年段四年级。经过四年的学习，基本能创作出像样的作品。书法作品的落款也是一门学问，它包含了古人天干地支的纪年法，还有古代文人的情怀。不仅如此，学会写作品还要明白作品的基本样式，印章的种类和作用等等。

④ 认同和传承美——高年段五年级。结合《大字结构八十四法》建立学生的楷书审美观，并迁移到做人做事上。历史上以楷书见长的书法家都是铁骨铮铮、为人正派的忠臣，教师借助史料、人物故事等对学生进行德育教育。另外，高年级学生不仅要了解书写工具，还要了解它们的历史、制作过程和文化载体的作用，将中华文化之美传承下去。

(3) 四点无痕渗透的学科教学探索

审美的核心关乎人的发展。孔子提出："里仁为美"，强调通过"美"的内在修炼，使"美"和"善"达到高度一致。我校行政团队经过学习与探讨，基于美育与学科的内在联系，结合语文、写字、美术、数学、体育、自然等国家课程具体主题、单元、模块三个方向，尝试融入与之相匹配的美育内容与形式，并形成一到五年级的美术、语文、数学等七个学科覆盖的融合推进课程实践。

① 基于单元的美育渗透教学

在美术课上，老师力求将国家教材里的知识点与书画校本课程中习得的相关技能相结合，让学习内容更丰实，促进学生对美术的理解与运用。学生在三年级书画校本课程《国画入门与文人故事》的学习中，已经知道中锋、侧锋的运笔方法以及干湿浓淡的墨色特点，积累了一定的水墨表现的经验。而四年级国家美术教材中第三单元《有韵味的水墨画》在学习中，借用水墨工具材料表现生活中常见的树与中国汉字。因此，正好将校本课程中习得的知识能力融入教学中，极大地促进了学生对新知识的接受度与体验性，感受到不同的创作形式与水墨独特的美的魅力。以四年级的一堂美术课为例：

活动一：欣赏交流

你发现不同的树/汉字字体造型有什么特点？它给你带来怎样的美的感受？

活动二：感受韵味

中锋、侧锋适合表现树的哪个部分？墨色的浓淡如何控制？

活动三：游戏讨论

说说跟动物汉字相关的成语。

活动四：创意表现

老师是怎么把汉字变成画的？哪张画布局更均衡？为什么？

② 基于模块的美育渗透教学

所谓“模块”是学科教材中某一个板块或者某一个教学环节。例如，语文教学中的识字教学。识字与写字是语文教学的重要组成部分，也是美学的重要内容。了解汉字所包含的“人文故事、风俗习惯”等内容，对于学生更好地学习语文都是大有裨益的。因此，我们努力开展汉字溯源探究活动，感受文字的美；实施字理教学，理解文字的美，从而做好学生的“美学训练”，落实文化；发现应用文字之美，已经成为我校语文教学首要考虑的一个方式。为什么现在很多学生容易写错别字，甚至不理解一些字词的含义？主要原因是学生对于这个生字的造字缘由不理解。为了解决这一问题，我校教师从字理教学入手，让学生在汉字溯源的过程中，揭开汉字的面纱，理解汉字的本意，古今贯通，综合理解与运用。例如在《神州谣》这一课，教授“州”字的时候，老师是这样讲解的：“这个甲骨文是什么字呢？（出示‘州’字甲骨文）谁来猜一猜？瞧，这个甲骨文中三条弯弯曲曲的线，让你想起了什么？是不是像流动的河水啊？中间这个小圆环代表的是河流中间的小块陆地。金文中陆地大一些，慢慢的陆地变得更多了，就变成了现在的‘州’。”通过讲解，让学生不仅知道了“州”字本来的意思，还知道了这个字的汉字演变过程，感受到了汉字蕴藏着的丰富情感。

③ 基于活动的美育渗透教学

依托活动，主题探究，增进乐趣，已经成为我校教师深入推进美学教学的一个重要抓手。学习如果仅仅停留在知识的识记，那么只能培养机械发展的人。本着“学校让生命更灵动”的教育理念与初心，各教研组在日常授课之余，结合书画教学，定期组织学生喜闻乐见的学科活动。我们希望让学生在趣味化的活动与体验中，提升鉴赏力、应用力与创造力，让学生成为审美能力和审美意识全面发展的人。

2020年学年渗透书画美育教学的学科活动

	美术	语文	数学	英语	自然	体育	道法
一年级	元宵画汤圆	象形字，来找家	惜时间（画我的一天）	制作 Mini book（小青蛙成长记）	我爱大自然撕贴画	折折纸飞机	制作春节贺卡
二年级	端午画粽子	学四史，书文化	蹦蹦跳（统计跳绳）	制作 Mini book（缤纷森林探险记）	种子的萌发	画画足球小将	画画家乡新变化
三年级	新年画牛写福字	忆成长，文传情	巧手绘（水墨扑克牌）	制作 Mini book（动物植物）	牵牛花的成长	图画游泳日记	设计校园垃圾分类宣传标志

续　表

	美术	语文	数学	英语	自然	体育	道法
四年级	汉字变成画	诗配画，传雅韵	“慧节粮”（节粮宣传语）	制作 Mini book（我的家庭）	绘制水循环	设计运动会图标	弘扬家风书画赛
五年级	画画校园十景	庆十年，书画情	迎新年（最牛年历制作）	制作 Mini book（旅游计划 My plan）	紫藤生成图	马拉松亲子运动图文记	民间艺术品展览

以我校语文教研组为例，以汉字为载体，积极开展唤醒“春”天的学科主题活动，不同年级的学生共同推荐“春”的一则故事，分年段根据不同学生发展的认知水平展开主题探究，从而实现古今中外的“春”文化的情感融通。

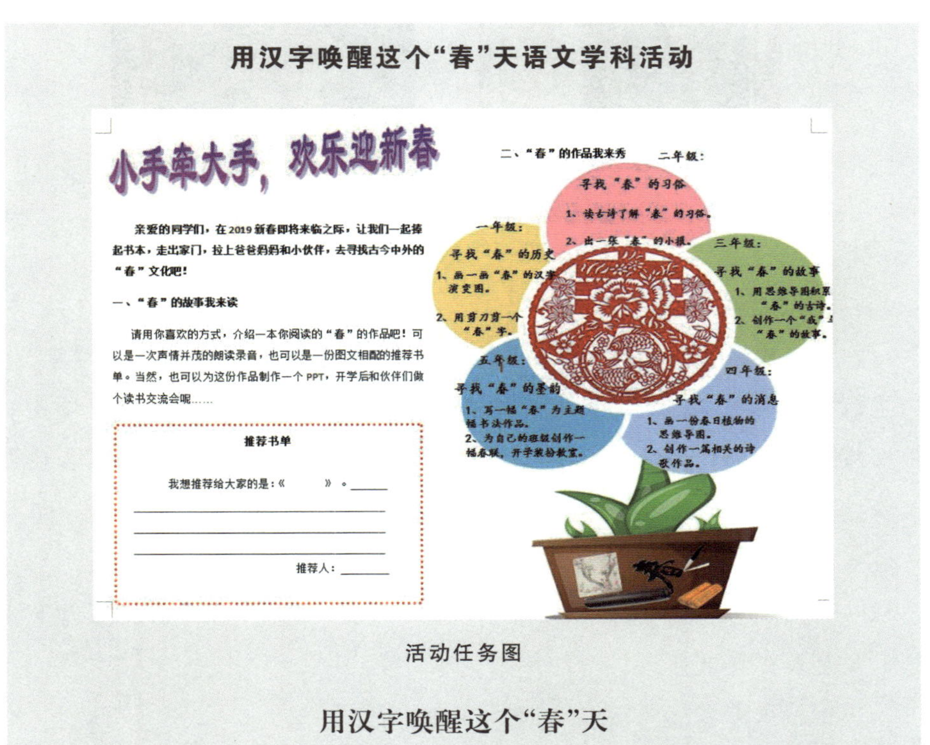

用汉字唤醒这个“春”天语文学科活动

活动任务图

用汉字唤醒这个“春”天

春，代表了人们对新的一年的美好祝愿，春天孕育着美好。今年，一年级的小朋友们通过画一画“春”的汉字演变图和剪一剪“春”字，寻找“春”的历史，迎接新的一年。

看，孩子们自己设计、裁剪，自己用灵巧的小手制作出了形象逼真的“春”。每一个“春”字都洋溢着欢乐祥和的迎新气息，寄托了孩子们对于新年的美好祝福。

【孩子们的话】

我喜欢春天，春天是四季的第一个季节。我让爸爸从网上查“春”字都有哪些字体。发现古代的“春”字真是好看，古人把春天的花鸟鱼虫都画了出来。妈妈告诉我，春天的颜色是五颜六色的。我就用各种各样喜欢的颜色涂满了春天。这幅画完成后，不仅让我知道了“春”字由来，而且让我更加期待今年的春天早早到来！

——一(1)班　王天玉

春天在哪里呀？

春天在哪里？

寒假活动中，我知道了“春”字的演变。

“春”字是由“日、草”和“屯”字三部分构成。

汉字的演变真的很有趣！

太阳照耀着大地很温暖，春风吹拂着小草青又青。

春天是一年四季的开始，我喜欢春天。

青翠的山林，红花和绿草，春风吹过，竹林沙沙，燕子穿着花衣裳飞来飞去，春天的画卷真美丽！

——一(2)班　周霖霏

"不知细叶谁裁出，二月春风似剪刀"。除夕，我把喜悦和祝福藏进剪刀，剪"春"字。一张彩纸上，一个"春"字慢慢清晰起来，就像从盖满积雪的冬天悄悄走进生机勃勃的春天。春天给了我阳光、温暖、柔和、毅力和希望。我把这一切的美好，送给我亲爱的爸爸妈妈。春天留在了我家，我笑了。

——一(4)班 唐若晗

【家长们的话】

通过这次活动，让孩子们知道过年除了收压岁钱、放鞭炮，还可以通过剪"春"字、画画汉字演变图，更直观地让孩子们体验到我国"春"的知识，既丰富他们的审美经验，也锻炼了动手能力，增加了家庭中亲子的互动交流，特别有意义。

——一(5)班 金一宸妈妈

吴美吉在完成剪"春"字的手工作业时，一丝不苟，从尝试到反复琢磨，最后独立完成。在汉字演变的学习过程中，也非常感兴趣，从画象形文字到写偏旁、笔画都认认真真，勤练勤学。望今后能继续严格要求自己，带着一双期盼美的眼睛去求知和生活。

——一(3)班 吴美吉妈妈

汉语是一种美的载体，汉字是记录汉语的书写符号。在画"春"的同时可以了解汉字的演变，更好地理解我国文化和历史。正如《礼记·学记》中所讲的"教学相长"。父母和孩子共同学习，形成专注学习的家庭氛围，在"教"的同时，父母同样受益匪浅。画"春"最大的收获，莫过于此。

——一(6)班 沈书玥爸爸

(4) 校本课程兴趣化体验教学

在历年实践过程中，我校创生了校本书画文化育美课程教学法，如：

历史溯源激趣法，让学生掌握一定的审美知识，增强审美“感知力、想象力、创造力”，内化价值，形成追求真善美的内在原动力。

① 历史溯源法

通过历史溯源，让学生了解汉字和国画的起源、发展、演变与构成，激发兴趣；让学生观察、比较、发现“汉字构字、国画绘画”的特点，感受发现美的快乐；以趣味化的创作形式，如书签、画本、封面制作等，让学生感受创作美的快乐。以《硬笔书法与汉字故事》之《亲朋师友》、软笔书法之《向上　向善》的教学和二十四节气中《立秋》中“秋”字教学为例：

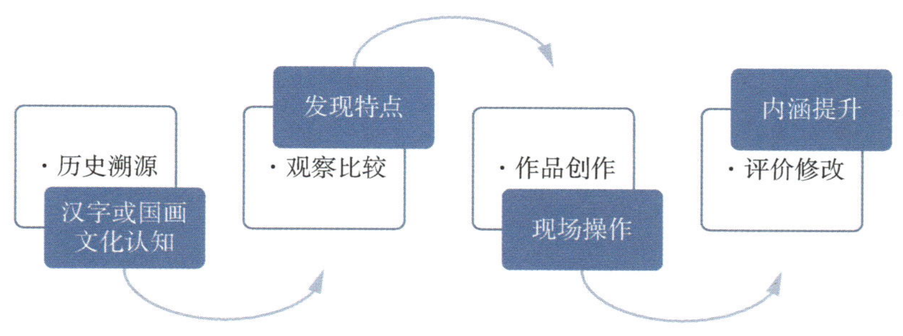

历史溯源激趣教学思路图

一年级《硬笔书法与汉字故事》之《亲朋师友》的教学

【内容分析】

一年级校本拓展课程《硬笔书法与汉字故事》以“天、地、人、事”四个主题开展，衔接部编教材，围绕主题精心挑选汉字，设计了“日月风雨，云阳星虹”，“山水土石，苗叶花果”和“你我她他，亲朋师友”以及“向上向善、勤思乐创”的社会实践课程，引导学生自主探究，注重写字兴趣和评价激励，旨在培养孩子的审美能力和审美意识，达到美育作用。

本节课是“人之篇”的第一课时“亲朋师友”，通过了解造字起源，汉字结构分析，发现书写规律。汉字组合创作等多样的活动，让一年级的孩子去发现汉字的美，体验美的创造。

“亲朋师友”中“朋”字含有旧知笔画“横折钩”，在教学“月”字时已经学习，在本节课中，教师引导学生在复习“横折钩”的基础上，通过观察比较，总结“朋”字中的相同笔画“撇”和“横折钩”的不同写法，发现“相同笔画有长短，左右结构有收放”的书写方法，并触类旁通学会书写“亲朋师友”四个生字及组字创作。

【学情分析】

根据一年级儿童心理发展和汉字审美素养的特有发展规律，有效地进行教学。在实践练习应用美的基础上，再选字组合创作硬笔书法作品，通过课堂活动“汉字组合创作，表达美好祝愿”，通过渗透亲师、亲友、亲家人，让学生不仅体验小学生活的乐趣，而且产生成为小学生的自豪，引导他们做一个能“体验美、欣赏美”和“创造美”的好学生。

【教学目标】

1. 知识与技能：复习旧知笔画“横折钩”，掌握相同字组成、左右结构的“朋”字的书写方法，以及“亲朋师友”四个生字的写法。

2. 过程与方法：在观察比较中，师生总结“朋”字中的相同笔画“撇”、“横折钩”的不同写法，学习“亲朋师友”四个字的特点，在实践练习中正确书写，并选字组合创作硬笔书法作品。

3. 情感态度与价值观：懂得关爱亲人、尊敬师长、友爱朋友，做一个体验美、欣赏美和创造美的好学生。

【教学重点与难点】

重点：正确书写“朋”和“师”。

难点：掌握相同字组成、左右结构、“朋”字的书写方法。

【教学过程】

一、汉字故事导入，了解造字起源

1. 出示甲骨文“朋”，猜一猜，这是什么字？

2. 师讲述“朋”的汉字故事，学生说说听后的感受，引出旧知“横折钩”。

（设计意图：通过猜字环节和倾听汉字故事环节，让学生了解“朋”的起源、发展、演变与构成，了解古人造字的神奇，激发学生学习汉字的兴趣。）

二、汉字结构分析，发现书写规律

1. 观察“朋”的结构特点

“朋”是左右结构，由两个“月”组成。书写时是否把两个月合在一起就可以了？

学生观察回答，教师出示组字过程，板书：左右结构有收放，相同笔画有长短。

2. 学习“朋”的书写

师示范书写，请学生思考：写的时候要注意什么？

写左右结构的、两个部分又是相同字时，要像交朋友一样，互相谦让（谦和避让），字才会写得好看。

3. 学写“师”字 ，运用规律

今天课题上还有哪个字的结构也是和“朋”一样的。（师）

观察“师”，同桌讨论反馈：

两竖有长短变化（垂露竖、悬针竖），左右结构有收放（左窄右宽）

老师示范书写“师”，学生临摹，再独立写。

4. 同桌讨论，得出规律

观察“亲”和“友”，找到规律并书写。

（设计意图：通过引导孩子们观察、比较并总结“朋”字中相同笔画“撇”“横折钩”的不同写法，引导学生们发现“相同笔画有长短、左右结构有收放”的书写方法，并触类旁通书写“亲朋师友”四个生字。）

三、汉字组合创作,表达美好祝愿

1. 选字创作,书写书签

新学的四个字中选取2—4个字,创作书写,落款自己的姓名。

2. 反馈评价,赠予好友

对同伴作品进行评价:从“结构、笔画、创意”等方面展开评价。

将书签赠予班中的好朋友或老师,说出心中的美好祝愿。

(设计意图:通过让学生创意组字,培养学生的创造力,表达“孝老爱亲”的感恩之情,做一个“体验美、欣赏美”和“创造美”的学生。)

软笔书法之《向上向善》的教学

向上 向善

【教学目标】

1. 了解“善”字字形演变过程;把握“向善”结构要点、折画特点;尝试评价自己和他人的字。

2. 通过描红、单钩、对临等方法,学写“向”与“善”,并进行创作。

3. 知道“向上、向善”的含义,引导学生积极向上,做一个善良的人。

【教学重、难点】

学写“向”与“善”,并进行简单创作。

两种折画笔法的书写。

【教学准备】

多媒体、实物投影、课件、作品纸

【教学过程】

一、校训引入,揭示课题

1. 视频引入(校园里的小镜头)。

这些校园小紫儿都在争做“追真、向善、笃美”的好少年。上周开始,我们开展了“我来写校训”活动,已经完成了“追真”的作品创作,这节课让我们来学写“向善”。

2. 了解四字含义。

(1) 理解“向上”含义。

(2) 通过学习甲骨文了解“善”字的演变。

(3) 通过身边的人和事说说你理解的“善”。

师小结：这就是校训向我们传达的：积极向上，与人为善，做一个阳光的、心存善意的少年。

二、学写“向”和“善”

(一) 把握结构特点

1. 根据辅助线，发现二字的结构特点：间距匀、中宫紧。

2. 描红练习。

(1) “向”字舞

(2) 师示范描红

(3) 生描红练习

(4) 同桌互评

(二) 学习“折画”

1. 找出两字中共同的复合笔画。

2. 复习上节课“折画”特点。折画长，弧度大。折画短，斜度大。

3. 观察字帖中不同折画的样子。了解“外拓”和“内擫”。

4. 观看书法家书写折画。

5. 运用单钩法书写折画。

(三) 对临“向”和“善”

1. 对照字帖临写二字。

2. 尝试用板书评价伙伴作品。

三、作品创作

1. 师演示创作步骤。

2. 生完成作品纸（正文 + 落款 + 钤印）。

3. 展示板笑脸评价。

四、师小结

二十四节气中《立秋》中“秋”字教学说课反思

《立秋之意》课程中的几个教学设计片段，分析一下如何增加课程趣味，触发学生记忆，如何增加参与感，引导学生融入课程，利用知识的迁移，让学生在主体审美中得到满足和提升。

“秋”是象形字，甲骨文字为蟋蟀形。秋天到了，天气渐渐转凉，有些虫子不适应，就用叫声来表达不满，蟋蟀就是其中的佼佼者——虫以鸣秋，这就是甲骨文“秋”所表达的概念。小朋友们，跟着老师一起画一画、写一写“秋”字吧！

还有另一种写法，是蟋蟀形下加“火”字，一说此“火”意为“灶台”，此字形指蟋蟀在天气转凉后，喜欢藏身于散发热气的灶台；另一说此形意为秋天禾谷熟，似火灼；籀文又添加“禾”旁，进一步明确了庄稼成熟的意思。后人觉得画“蟋蟀”实在太麻烦了，所以就留下了“禾”与“火”，没错，就是现在的“秋”啦！

以上是动画旁白。首先，根据汉字“秋”的演变过程，我用剪纸动画的方式，以“蟋蟀”为动画主角，用场景的转换表现汉字结构的变化。考虑到孩子们的年龄特征，也许这样的方式陈述更能吸引学生的目光，课程的“趣味性”有所体现。

其次，为什么我要从“汉字故事”引出“立秋之意”？“立秋”意味着“秋天”的到来，学生知道一年有四季，秋为其中一季，却不知“秋”为何能成为“一季”，这与“秋”字本身的造字溯源有着密切的联系。又因为它是一个象形字——状为“蟋蟀”，为了增加记忆点和参与感，课程设计了互动环节——画蟋蟀，进一步将“秋”的本义通过画面反复勾勒，刺激学生产生立体思维。下一次看到蟋蟀，会想到“秋”；听到蟋蟀鸣叫，会想到天凉了，“秋”天到了；甚至在我教《夜书所见》的“知有儿童挑促织，夜深篱落一灯明”时，问到“作者为何会在这首描写秋天的诗歌中提到‘促织’(即蟋蟀)”时，好几个孩子会脱口而出：“因为蟋蟀就是‘秋’啊！”瞧，他们潜移默化地学会了知识的迁移。

② 临摹创作法

临摹是中国传统艺术学习的一个重要手段，是一种技艺的学习，风格的吸收，同时更是艺术感觉的积累和提升。创作这一概念对于书法艺术而言是当下的产物。实际上，我们可以通过临摹的积累“感受美，发现美，理解美”和“鉴赏美”，逐渐自化进行艺术表现，从而实现“应用美”和“创造美”。通过学生对书画动画的欣赏，教师的示范，感知书画的技法之美；教师指导学生进行实践操练，临摹书画作品。书画中自带人文故事，以此树立典范，达到价值认同。结合学习，同学们以自主创作为主，创意书画，最后提供评价标准开展互评，努力提高学生对临摹创作书画的兴趣。

《竹子精神　正直担当》教学设计

【教学目标】

1. 了解郑板桥的文学作品，知道其绘画作品的特点。
2. 学会用中国画工具表现竹子的基本造型并创作。
3. 理解竹子所代表的美学意义。

【教学重、难点】

欣赏和理解郑板桥的文学、绘画作品；学习竹枝、竹叶的画法。

【教学准备】

国画工具、ppt、范画

【教学过程】

一、欣赏与尝试

1. 出示校园竹园照片，引入课题。引导学生吟诵郑板桥诗歌，感受自然之竹的特点。

2. 交流自己知道的擅长画竹的文人画家。

3. 示范画竹步骤，学生跟画。

1）侧锋画竹节；

2）中锋画竹枝；

3）提、按画竹叶。“个”字形、“介”字形竹叶组合。

二、交流与示范

1. 了解郑板桥，引导体会人格之竹的含义。

2. 我们如何通过绘画体现郑板桥诗句中竹子的精神呢？请徐老师为大家做示范。

3. 教师示范创意添画，为竹子添加山石并落款，完成创作。

三、实践与创作

提出作业要求：以竹子精神（独立、谦逊、顽强、坚韧、正直、坦荡）进行构思，创作一幅以竹为主题的中国画。

1. 合理运用中锋、侧锋、提、按等笔法来画竹，墨色有浓有淡。

2. 落款完备，画面有创意。

四、评价与拓展

1. 展示作品，按作业要求引导学生开展自评和互评。

2. 教师评价。

3. 拓展：出示竹子与其他事物组合的国画作品。

4. 总结回顾。

③ 实践研学法

为了提升学生学习的兴趣，扩大视野，学校非常注重开展实践研学活动。以非限定性课程的形式，每个学期在不同年级依次活动，一般为一天的时间。实践结束后，德育发展部门组织教师，展开校级、班级表彰活动。在活动中，教师以研学单驱动任务，学生以小队形式进行合作交流。他们通过观察、小组讨论、得出要点和记录方式，内化美的价值，从而古今贯通，传承与传播中国传统文化。

微信摘录

在研学过程中，从研学任务设置与发布，到最后古今贯通的理解，老师们精雕细琢，认真设计，以汉字“治”水闸博物馆研学为例。

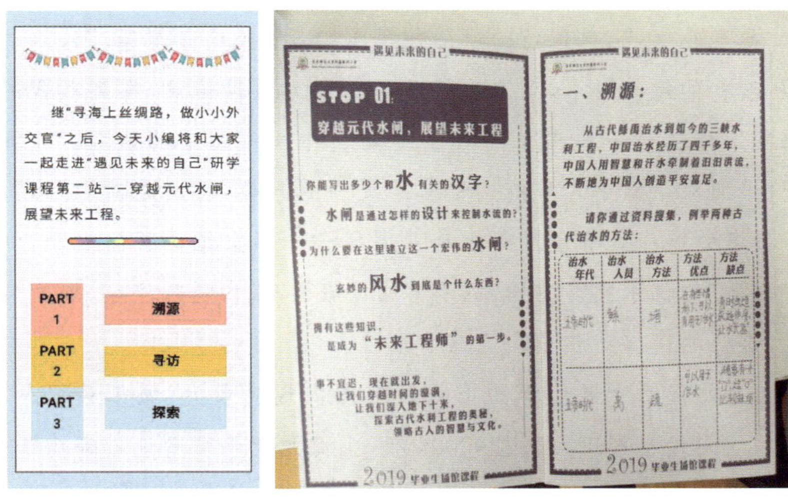

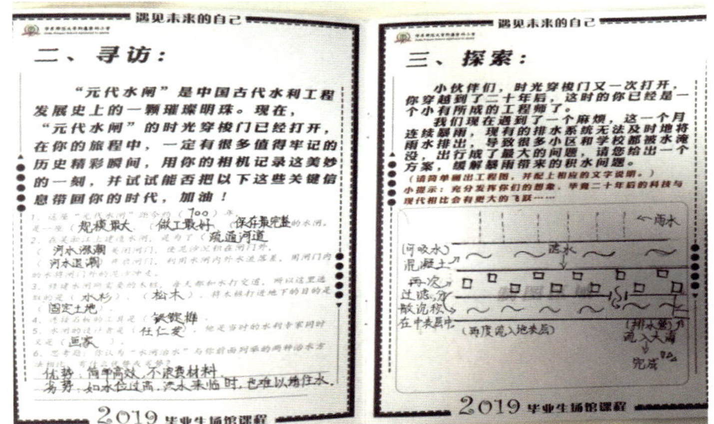

作品图

穿越元代水闸，展望未来工程

——五年级博物馆课程之“元代水闸博物馆”

早在开学初，五年级的孩子们就有幸聆听了区教研员景洪春老师的汉字文化课程——“治”。一个“治”字，让孩子们获得感官的愉悦；一个“治”字，让孩子们获得情感的享受；一个“治”字，让孩子们获得了更高的精神享受……

“此岂小事哉，何但行治水。使民皆农桑，乃是真儒耳。”治水无小事，从最初的鲧禹治水，到李冰修建都江堰为后世传颂，再到现代的三峡水利工程造福一方，“治”水一直是历史中永不衰落的话题。此课过后，孩子们对于汉字背后的文化有了更多的兴趣，特别是对“治水”，也有了更多的关注。恰逢五年级毕业课程——博物馆课程的启动，课程组特意将“元代水闸博物馆”列入博物馆旅程，课内通晓汉字，课外实地考察，这样的衔接让孩子们充满了期待。

上海元代水闸遗址博物馆是目前国内规模最大、做工最好、保存最完整的元代水利工程遗址，2006 年，上海元代水闸遗址被评为“中国十大考古新发现”，也是国内少见的原址原建的博物馆，是沪上第一个“名副其实”的遗址博物馆。

五月春意盎然，五年级分批踏上了探索“水之门道”的旅途。进入参观区后，我们发现悬空而建的走道逐渐往下，位于遗址上方，形成一个回廊，绕场一周，而水闸的主要部分则位于整个场地中央。同学们走在玻璃道上，仿佛穿越回元朝，置身于水闸建设现场——选址、定基线、挖底槽、打地钉、横木梁、铺石板、立闸门柱等过程惟妙惟肖地呈现于我们眼前。这无疑彰显了宋《营造法式》及元代工程技术的先进与巧夺天工。

在这里同学们不仅学到水利工程的趣味知识，体会吴淞江流域的历史变迁，还学习了许多与水相关的有趣汉字——“闸”“打”“舆”“拉”

"榫"等字在解说员的讲解下，都呈现出了不一样的色彩，带同学们进入无限遐想。讲到最后一个字——"治"时，无形中与一开始我们上的汉字文化课进行了呼应，解说员说："汉字'治'由水与台构成。台是胎的本字，代表胎儿，也代表着最初与新生。这也许就象征着人与自然之间的关系。人类始终企图治理、规训自然，却往往不得其所。"或许只有恢复到最原始、最本初，才是我们与自然最和谐共处的状态。"治"或许是我们对于此行"水的门道"最大的感悟。

当然，在本次旅程中，同学们也有自己的任务。在踏上旅程之前，他们通过资料搜寻，对于古代治水的方法有了一定的了解，比较了几种治水方法的利弊；旅程中，同学们带着《研学护照》，汲取新的知识，适时记录，完善自己的寻访成果；回家后，结合自己之前搜集的信息以及在场馆内学到的知识，同学们当了一次"未来工程师"，为自己的小区设计更好的排水系统，实实在在体验了一把"治水"的乐趣。

从一个汉字走到了一个场馆，从一次寻访到深入探索，同学们在这次旅程中收获了学习的乐趣，增长了见识，为未来的自己开辟了更多可能……

(3) 创新实验智能化云端学习

信息科学技术为美育目标的实现提供了新的路径。我校以书画创新实验室为载体，软硬环境双管齐下，融通文本、图像、声音、动画和视频等多媒体，借助二维扫码等方式，让学生随时随地产生、传播和交流审美信息，获得审美体验，以拓展与延伸传统美育的方式。

① 智能装裱，现场学习，让生活更加美好

书画实验室内，配有"便携式高清投影仪"、"书法临摹台"、"装裱机"

软笔书法“向善”书写示范微视频

等先进设备，助力学生直观学习，应用感知书法之美，最后装裱制作。

市级书法作品装裱课《智能装裱，美好生活》

2019年11月20日，在市级展示研讨活动中，书法教师魏婧姝利用智能装裱机给学生上了一堂装裱课。她先由字画入手，讲解装裱的作用，了解原来装裱的难处，得出智能装裱给生活带来的美好。接着借助操作视频总结托裱步骤，让学生自由排列步骤，并提炼每一步的要点，随机板书。既激发学生的思考，又检验学生的倾听质量。随后讨论了装裱时可能会出现的问题，观看了三4班同学录制的定点分组装裱视频后，同学们大受启发。动手操作装裱，经过十几分钟一丝不苟地努力，终于完成了托裱过程。同学们的眼睛里流露出欣喜的神情，为自己小组团结协作的成果感到骄傲。

智能装裱 美好生活

学校	华东师范大学附属紫竹小学	教师	魏婧姝	课程类型	拓展型课程
科目	书画创作与装裱制作	课题	智能装裱 美好生活	执教日期	2019.11.21

一、教学任务简析

1. 内容分析

四年级校本写字拓展课程《中国书法与装裱制作》以“天地人事”四个主题开展。选取天干地支纪年法入手，了解落款的相关知识，从“高山流水”（朋友）、“梅兰竹菊”（为人处事）、“追真　向善　笃美”（校训）、“乐学勤思奋进”（学风）、“书为心画”（书法的本质）、“静以修身”（自我培养）、“道法自然”（万物法则）、“上善若水”（修身之法）和“天地有正气”（处世之道）几个主题入手，穿插汉字小故事，汉字演变、五体辨识等模块编排。

本节课是“人之篇”中“天地正气”一课的装裱部分，通过了解装裱中托裱的基本步骤，感受古人在装裱字画作品时饱含的深情。在操作中体会装裱的乐趣，感受托裱时每道工序不同讲究，以及科技给生活带来的便捷。

2. 学情分析

四年级学生对书法课的认知基本停留在书写、印章等相关知识。根据学生已有的生活经验，可能听说过装裱，但如何装裱，装裱具体的流程步骤，大部分学生是不知道的，甚至不知道一幅挂在墙上的作品是经过装裱才完成的。四年级的学生动手能力强，并喜欢动手制作。但这个年纪的孩子缺乏耐心，需要将步骤细化，不断尝试，才能得出更丰富的经验。

二、教学目标

1. 知识与技能：了解装裱中托裱的制作流程（热、喷、合、撕、裁、贴六步骤），学习分步托裱。
2. 过程与方法：在反复观看视频及装裱的过程中，提炼每一步骤的操作要点，了解托裱的方法，在体验中交流总结经验。
3. 情感态度与价值观：带着感恩的心，把精心书写、精致装裱后的作品送给亲朋师友，提升审美意识。

三、教学重点与难点

重点：根据操作视频提炼操作要点。

难点：裁切与作品尺寸相匹配的覆背纸和胶膜。

四、教学技术与学习资源应用

教具：已完成书法作品若干、多媒体课件；

学具：装裱机、喷水壶、美工刀、胶膜、覆背纸

其他：学生评价单，装裱机预热

续　表

教学过程			
教学环节	教师活动	学生活动	设计意图
谈话导入	1. 出示学生之前写的多副书法作品。 2. 请学生思考，这样的作品，送给来自远方的老师们，可以吗？ 师小结。 3. 介绍两种装裱样式。 出示：镜框和挂轴。 师小结。 4. 师简介古今装裱所需要的条件及环境。 过渡：今天，我们有了装裱机，可以让我们轻松在教室里学装裱。 5. 板书（出示）课题 真是——智能装裱，美好生活	学生思考作答 学生欣赏 学生仔细倾听思考	通过谈话环节，让学生了解装裱的意义，怎样送给别人才能显出送礼物的诚意。激发学生想要学好装裱的热情。 了解装裱最初的形式，对比今天所学机器托裱的便利。
观看视频，了解托裱步骤	1. 观看视频，了解托裱后作品特点 这是托裱完成的作品，说说托裱好的作品有什么特点呢？ 2. 了解装裱工具 视频中除了装裱机，还用到了哪些托裱工具呢？ 喷水壶、尺、胶膜、覆背纸、美工刀。 3. 出示托裱步骤 师随机板书，生排序 热、喷、合、撕、裁、贴 4. 找出每一步骤的要点，完成任务单 热，热至80度 喷，洒匀（方便拿取） 合，25秒（太久胶皱） 撕，由角向面（不容易皱） 裁，留白（取方、衬边） 贴，25秒 5. 讨论托裱时会发生的问题。并记录在评价单上。 6. 观看视频，了解问题的应对办法。	仔细观看视频，记住要点 指名答（学生思考，并根据观看到的要点排序） 指名答（学生思考作答） 同桌二人合作排序 并在评价单上记录要点	了解装裱工具和装裱步骤，才能在动手操作时不会手忙脚乱。 讨论托裱过程中会出现的问题，让学生学会预设问题，将细节想在行动前。 操作过程中有许多细节是学生不容易关注到的，由学生托裱的真实过程拍成的视频，更能起到启发作用，以便操作时更顺利。

续　表

教学环节	教师活动	学生活动	设计意图
分组托裱	1. 按照步骤分组，定点分配任务。 2. 分组定点装裱2幅作品。 3. 组长汇报小组托裱情况。	按任务分配人数，自愿申领任务 观看操作过程，完成评价单	每位同学都有任务，观看、装裱训练、统筹协调任务，需要将整个流程牢记于心。
作品展示	1. 展示托裱作品。 2. 交流经验，总结教训。	展示 交流	通过展示交流发现装裱中的问题，及时调整，并总结经验，吸取教训，才能让托裱出的作品更细致。学生的技能得到提高，感受古人精致的做事态度。

作业与评价设计

把托裱的过程说给爸爸妈妈听，说说科技是怎么让生活更美好的。

作品呈现	表面平整	四边齐整	过程完整

制作过程记录：

托裱

我的观察笔记：

____

____

____

____

续 表

板书设计
智能装裱 美好生活 热 喷 合 撕裁 贴 (随机板书) 作品表面要平整 覆纸四边要齐整 托裱过程要完整

② 微课制作,在线扫码,让学习无处不在

班级授课制让学生集中在特定的教室中进行。这样的学习,能够尽可能让班级中大部分学生学有所成。然而,因为时空的局限,导致个体的差异化学习需求难以得到满足。同样,我校美育课程亦如此。在现代化教育背景下,伴随着信息技术的推陈出新,如何让技术赋能学校发展,让信息化更好服务学生个性化的学习?面对这一问题,我校基于微信平台,借助扫码的方式,让学生的学习无处不在。

这样的尝试,让校本书画文化育美课程中微课资源的设计与开发具有可视感,吸引学生;讲解到位,精细剖析,方便学生更好地理解美育所涵盖的知识点。美育老师们将实践知识通过文本、图形、图像、声音、动画和视频等形式表达出来,并极力呈现出"可视性、融合性、交互性、易下载"等特点。这些数字化微课程资源一一生成二维码,集中有序排列,充满云端课堂,学生只要在家扫码,就能即刻在线观摩体验,满足学生课内外学习的需要,激发学生的审美表现和审美能力,为学生的个性化学习提供支撑。

同时,为了让微课教学呈现更加精彩、精致的效果,我校还专门成立了录制团队。团队包括专业的书法、国画、美术、唱游、语文等教师,还有信息技术人员。方案可视可操作,精润语言,精修细节,力求每个视频经得起学生、家长和时间的考验。

此外,实验室在环境中,努力营造实践探究的氛围,展示、创作等区域都能保障学生的自主实验与探究。我们还建立了"创新实验室对外预约开放制度、创新实验室仪器设备管理制度、创新实验室档案资料管理制度、创新实验室指导教师工作职责、创新实验室学生实践安全守则、创新实验室学生自主管理制度”等，让创新实验室发挥最大的效能。

拓展课运行图

③ 系列微课，主题跟进，让教学突破时空

庚子鼠年，因为疫情的原因，原定于寒暑假举行的学校少年宫活动课程，不得不从“线下”的形式，转为了“线上”。在学校的大力支持下，我校以美育为教学目标的老师们结合个人的兴趣特长，精心策划，为在家学习的同学们特意准备了丰盛的精神文化大餐，推出了“晓竹少年宫”主题式综合活动书画云课程，涵盖了书法、美术、自然等多学科的综合内容。

在前期课程获得良好区域影响力的基础上，书画项目组团队的老师继续不断探索，魏婧姝老师于2021年牛年新春来临之际，推出了《书祝福立心愿》的微课。在学习中，魏老师带着大家一起了解中国共产党创建史上的重要事件，初步学习书法的几种常见书写形式和字体，把书法艺术和党的创建历史巧妙融合。一二年级同学学习用团扇书写“初心”，三年级同学用斗方书写“不忘初心”，四五年级同学学习用条幅书写“不忘初心跟党走”，共同为建党100周年华诞送去美好的祝福。

2020年3月起，结合线上教学，紫竹小学汉字项目研究团队还借助学校微信公众号，开始了“汉字文化背景下二十四节气课程”的实践探索。每一个节气以微课的形式，学习“字源演变、农谚俗语、古诗文积累、历史故事”。

《小雪》课程设计

【课程目标】

1. 了解“小雪”节气的来历，以图文并茂的形式向同学们介绍。

2. 学习“雪”的汉字演变文化，尝试用不同的字体进行书写。

3. 积累与“雪”相关的诗词，以书写、诵读的形式进行演绎。

4. 探究“小雪”节气的风俗习惯，以图画、照片和录像的方式，向大家介绍自己尝试动手制作的过程。

【课程实施阶段】

《小雪》课程实施阶段

阶段	主要内容
第一阶段	1. 教师组织学生分小队，交流节气微课脚本初步提纲，确定版块分工。
	2. 小组成员根据分工收集资料、选择资料，完成微课脚本初稿。
	3. 在教师指导下，各组集体交流，修改完善脚本，确定活动分工。
第二阶段	1. 各小组分别开展相关的“字源探究、诗词积累、习俗体验”活动。
	2. 集体交流活动感受，分组拍摄制作视频。
	3. 集体汇总交流，在教师引导下修改调整视频。
第三阶段	视频汇总定稿，在学校微信公众号推出。

开场白(1分钟)

学生1：(1) 亲爱的同学们，大家好！《华师附属紫竹小学“晓竹”学校少年宫二十四节气》课程和大家见面啦，我是今年的第20个节气，猜猜我是谁？对了，我就是小雪！

(2) 听到我的名字，大家是不是想到雪花漫天纷飞，如柳絮如鹅毛，大地一片银白的场景？但我可不是咱们下的小雪，而是一个气候特征，更是寒潮和冷空气活动频数较高的节气。古籍《群芳谱》中就说道："小雪气寒而将雪矣，地寒未甚而雪未大也。"也就是说，小雪这个节气前后，由于天气变得寒冷，降雪也就开始了。但由于"地寒未甚"，这时的降雪还不会很大，所以称之为"小雪"。

介绍小雪(6 分钟)

1. 思维妙趣话字源

学生 1：说到"雪"，你们来看看，在甲骨文中，它像什么？

学生 2：它的下面部分像鸟儿展开的翅膀。

学生 3：那它的上半部分是天吗？

学生 1：在甲骨文里，我们需要把它这样拆分：这部分是雨，指云层降水；这部分是羽毛，指白色轻盈的绒毛。所以"雪"字就比喻为天空中纷纷扬扬飘飞冰晶，像白色的羽绒一样。

学生 3：现在我知道了，在金文里，这部分就变成了雨。而下面一部分写作"彗"，"彗"字在古代指的是扫帚，那"雪"的意思就指可以扫掉的雨了。

学生 2：在很早以前，我们的祖先就已经知道雪是空气中水汽凝结之物了。汉字真是文化的活化石啊！

学生 1：是啊，不仅金文是这样写的，篆文也是如此，随着社会发展，慢慢才演变为现在的"雪"。

学生 1："雪，绥也，水下遇寒气而凝，绥绥然下也。""绥绥"是繁密而下的样子，从这句话中，我们仿佛能隐约听到，雪簌簌而下、压弯寒枝时的声音。

2. 千面之"雪"情依依

学生 4：在古代诗词中，"雪"是跃动的精灵。雪是雨的凝结，《小雅·采薇》中写道："昔我往矣，杨柳依依。今我来思，雨雪霏霏。"不仅有岁月流逝的无名伤感，用“雨”作为下雪的动词，也体现出“雪”和“凝雨”的关系。

学生5：雪还是丰年的使者。尽管有杜陵野老眼中的“乱云低薄暮，急雪舞回风”，也有林冲上梁山时“雪下得正紧”，给征夫孤旅带来了无尽悲凉。但对农耕为业的国人而言，雪带来的信息，总是来年的喜悦与丰收。所以有一句谚语：瑞雪兆丰年！

学生6：雪更是高洁的君子。所谓“神似初霜意如雪，目若秋水韵为冰”，这冬日中的晶莹，不仅可以形容漂亮女孩的“皓腕凝霜雪”，更可借指清雅纯净的气韵精神。

过渡语：学生1：单单一个“雪”字，居然有这么多的文化内涵，它承载着中国人的观念、思想与情感。现在就让我们一起走进“小雪”这一节气的世界吧！

诗文画，文化探究（4分钟）

过渡语：学生1：要想深入了解我，可以通过诗词去寻味一番。

标题：幽幽诗韵寄情思

（1）学生3：唐代诗人高适，在冰天雪地中送别友人，高适并没有渲染自己离别的伤感，而是鼓励好友勇敢前行。

《别董大》

唐·高适

千里黄云白日曛，北风吹雁雪纷纷。

莫愁前路无知己，天下谁人不识君。

（2）学生4：接下来，让我们一起从唐朝走到宋朝，看看此时的陆游在做什么吧！

《初寒》

宋·陆游

久雨重阳后，清寒小雪前。

拾薪椎髻仆，卖菜掘头船。

薄米全家粥，空床故物毡。

身犹付一歃，名字更须传？

陆游回到山阴时，生活非常清苦，拾柴作发髻，一家人就吃清粥，床上的御寒毡子还是以前用旧的，但即使小雪清寒，也无法阻挡他那满腔热诚的爱国之心！

小雪节气活动(3 分钟)

过渡语：学生 1：小雪时节，天气寒冷。这时候的饮食调节尤为重要。

习俗探究乐成长

活动一：注重饮食强体魄

学生 5：小雪时节，常吃羊肉，可以增加人体热量，抵御寒冷。

学生 3：民间有“冬腊风腌，蓄以御冬”的习俗。小雪后气温急剧下降，天气变得干燥，是加工腊肉的好时候。

活动二：时令小点巧手做

学生 1：我们身处南方，小雪时节有吃糍粑的习俗。现在，我们一起跟着视频学学，如何做一道美味的糍粑！

结语(1 分钟)

同学们，这一期“小雪”节气课程，我们探究“雪”的汉字知识，诵读优雅诗词，还了解、尝试制作节令食物。在学习的同时，也请大家要注意保暖，另外，随着天气越加寒冷，心情也会变得喜怒无常，所以我们要保持好的心态，并坚持运动，做体魄强健、活泼开朗的新时代好少年！

2020 年 7—8 月，在闵行区暑期网上少年宫的小学主题式综合活动中，紫竹小学汉字项目研究团队继续将汉字文化融入了课程设计。“小暑”、“大暑”、“立秋”三期课程，通过老师的引导，带领学生一起探究汉字演变，诵读经典诗词，体验习俗活动，传播优秀文化，锻炼综合实践能力，获得了学校师生、家长的好评，在区内兄弟学校间也收获了赞誉。

二、由点到面的培训

1. 定制教师书画课程，丰富艺术的审美与视野

为提高教师的书画技能与生活情致，让“诗书画印”和“远方”永驻心间，让“妙笔浸校园，汲墨绘新章”，学校为全体教工量身定制了“妙手丹青”教师书画文化育美课程，又按照四季旋律分设16门小课程。

“妙手丹青”教师课程内容图

通过精细化的统筹与设计，以全员参与体验的方式，打破年龄的边界，扩大艺术范畴，为教师建立了新的人际生态、学习生态，切实提升教师艺术修为，培育高雅的情操和远大的志向，也为学生书画文化育美课程的教授提供有力的师资保障。

每门课程都采用小班化教学，保质保量。在课程参与方式上，主要采用自主自愿的网上“抢课”方式，在很大程度上满足了教师们的不同需求。另外，执教教师由学校内有特长的教师和外聘书画专家担任，执教教师精心备课，用心示范，寓教于乐。“学员”们每次都在快乐中度过一节课。课后，授课“教师”会与“学员”们热情互动，了解学习困惑与需求；学校也会

利用“微信”平台，记录课程的开展、“教师”和“学员”们的收获。

“妙手丹青”的四季艺术课程体验之旅

霓裳丝雨之妙手丹青（青冬篇）

走进布堆画

12月，充满浪漫味道的季节里，第一次“妙手丹青”工会教工社团活动开始了！妙手丹青社团是由手工、绘画组成的小小艺术团，让老师们能体验不同种类艺术带来的魅力。那么第一次，我们会体验什么呢？

首先，先来认识下山西延川布堆画吧！布堆画，又叫布堆花，流传历史悠久，是延川民间艺术中的珍品。它源于劳动人民的日常生活和风俗习惯，由妇女们给孩子衣服打补丁演化而来。其创作材料为棉纺织土布，染以青、赤诸色，以民间传说、戏剧人物等为题材，运用民间传统的复合造型法，进行贴块、拼接、镶花、堆叠、缝合，制作出极具特色的图案。画面大多夸张变形、意象生动、想像奇特、堪称陕西一绝。

今天，老师们通过学习布堆画民间艺术，用贴、缝、绣等方法制作了不织布笔记本！向民间艺术致敬，学习布堆画手艺，应用于生活。期待下次的相聚！

霓裳丝雨之妙手丹青（青春篇）

雷动风行脚踏实

夏至已至，雷动风行。

梅雨不止，案牍劳形。

妙手丹青，解我乏忧。

踏石有印，重振精神。

身未现，诗已赋。在这个生机盎然的春季，“妙手丹青”社团特邀“出手成画”的神笔——攀攀老师，为我们带来了第二次活动——板鞋涂鸦。

别看字面意思好像只是在板鞋上随手画画，其实制作工序十分讲究、有门道。你看，攀攀老师提前一周就带领大家在板鞋上涂涂刷刷了。那为什么要在小白鞋上再刷一层白色颜料呢？告诉你吧，这是为了更好地防水和着色。所以只有按照攀攀老师的正确打开方式，才能使“私人订制”既美观又实用。

前期工作完成后，就到了最令人期待的绘画环节。攀攀老师细心地为“学员”们准备了人手一本的卡通图册，可参考可原创。大家选择、构思好图案后，先轻轻地用铅笔打了小样，再用黑线勾勒，接着选择心仪的色彩涂色，最后静静等待丙烯颜料自然风干，板鞋涂鸦大功告成！在创作期间，攀攀老师全程指导、修饰、润色，帮助每一位蓝友顺利完美地绘制出个性板鞋。

小小板鞋，大大创想！有可爱少女系，萌萌小宠，暖心治愈；有蔚蓝大海风，卷卷浪花，清新纯净；还有夏日清爽型，小小西瓜，沁凉无比……

放松身心，做回小孩；天马行空，随心而动。一场轻松的活动，帮助老师们暂缓伏案的疲劳；一双特制的板鞋，鼓舞大家脚踏实地、再鼓精气神！

霓裳丝雨之妙手丹青（青夏篇）

初学扎染工艺

在之前的妙手丹青社团中，我们学习了布堆画手艺，向民间艺术致敬。而这一期，我们又要体验什么呢？走！一起去看看吧！

哇，原来是扎染！扎染古称扎缬、绞缬、夹缬和染缬，是中国民间传统独特的染色工艺。即织物在染色时部分结扎起来使之不能着色的一种染色方法，中国传统的手工染色技术之一。扎染工艺分为扎结和染色两部分。它是通过纱、线、绳等工具，对织物进行扎、缝、缚、缀、夹等多种形式组合后进行染色。其工艺特点是用线在被印染的织物打绞成结后，再进行印染，然后把打绞成结的线拆除的一种印染技术。它有一百多种变化技法，各有特色。

活动中，"学员"们有的选择方巾，有的选择环保袋，还有的选择抱枕和衣服，进行手工扎染体验。首先，为了便于着色，"学员"们先将衣物打湿，随后用皮筋、绳子或夹子等进行"扎"，然后在各个部位选择自己喜欢的染料上色。扎染的魅力可不止是五彩缤纷，最后揭下神秘面纱时的好奇心更是拨人心弦。

一件件美艳的作品，有着扎染特殊的艺术效果，更是这世上独一无二的手工作品！在忙碌的期末，和"学员"们一起欣赏美、享受美、感受美，在艺术世界中放松身心，陶冶情操，总是收获别样的美……

霓裳丝雨之妙手丹青（青秋篇）

趣味数字油画

新一轮的工会社团活动开始了，小青这次迎来了更多新伙伴咯！秋高气爽的季节里，教师节悄悄来临。首先，借助弥漫的花香，带去小青真挚的祝福：祝愿紫小勤劳的园丁们教师节快乐，幸福安康！

这一次的妙手丹青社团，为大家准备了简单、易上手的数字油画。数字油画又名数字彩绘和编码油画，是通过特殊工艺将画作加工成线条和数字符号，按照数字上色的手绘产品。"学员"们已经跃跃欲试啦！

艺术的独特魅力，吸引着一大批热爱者，但不是人人都能精通。没关系！数字油画能使没有绘画基础的人马上绘制出一幅令人赞叹的艺术作品，并享受到绘画过程的无穷乐趣，收获大大的成就感。

绘画的方法十分简单，首先准备好相应的工具：画笔、标有数字的颜料、洗笔筒。其次挑选一个号码，找到相应填色区上色，完成后洗笔换色。别看简单小油画，也是需要耐心的呢，忙碌之余，何不静下心修身养性？

一件件数字油画，看似简单但却帮助每位“学员”成就了心中的艺术梦，还可以装点自己的家。说了这么多，让我们来看看“学员”们的作品吧！愿“学员”们感受艺术、热爱艺术，生活也能像艺术一样多姿多彩。

学校书画项目的研究实施，为教师提供了发展与合作的平台，激荡出了教师不断学习的自觉力。教师静心拜读名家的书籍，耐心临摹大师的碑帖，精心绘制富有创意的个性作品……学习转化为教育教学的用心传递，提升了自我修养，历练了课程领导力，并挖掘出了教师不断成长的内

驱力，为教师实施“自我更新”奠定了基础，为教师专业成长提供了优质的环境。

2. 开发多元教研活动，提升教学的宽度与深度

在书法教学的过程中，为了增加书法的宽容度，提升书法教学的质量，除了安排“优势互补”的双师书法教师指导团队，同时进行跨界教研。通过跨界观课，融通整合，推进跨学科的教研，让教学更具全景化和综合化。打破学科壁垒，实现学科融通，教师在学科交叉、综合、对话的过程中，产生“1＋1＞2”的学习效应。

一次区级书法展示课《向上　向善》的跨学科教研

2018年5月，我校在一次区级书法开放课《向上　向善》上，采用跨界融合的方式，语、数、英、音、体、美等不同学科教师一起观摩，进行“评”课、“学”课、“研”课。

语文教师：一看到“书法”，大家可能更多的想起“传统文化的传承和理解”这一核心素养。一节短短的书法课，魏老师在带领学生书写“向善”这两个汉字的过程中，通过“象形字”背后意蕴的讲解、《说文解字》的引证，将学生从由简单认知，引入到对内涵丰富的造字法的解读，甚至是对汉字文化的窥探。让学生从理解字义成功过渡到感受中华文化源远流长、博大精深上，学生也自然生发出对我国传统文化的敬畏与自信，以及传承和守护的决心。另外，魏老师讲解过程中强调南朝书法王僧虔对于“神采为上、形质次之”的追求，由文字到文人，是一种跨越。书写汉字固然重要，但是表现精气神更为重要。当下社会的我们，如果要写出一手漂亮的字，就意味着要传承我国古代书法家的态度与追求。总之，在这堂课上，我认识到，传承中华文化需要通过语言学习，理解文化、认同文化、树立文化自信心，再通过模仿、练习，让文化浸入血液，成为一种自觉。

美术老师：书法和国画在用笔、材料、意境等方面相通相融。先看书法，书是写字，法是方法。工具为毛笔、纸、墨、砚台，合称文房四宝，泼墨写意画亦也用此材料。毛笔质地柔软有弹性，于是就有了控制和把握执笔及如何运用的方法，从而产生了笔法中锋、逆锋、侧锋、顺峰用笔和浓淡枯湿的“墨分五色”之说。书法也因此具有欣赏、审美和保存的艺术价值。汉字起源于图画，是图画和符号的结合。中国上古时代起源的文字为象形文字，即古人书写“鸟”字就用篆体画了一只鸟，书写“鱼”字就画一条鱼等，刻画了象形意义明显的图案文字。

英语老师：在英语教学中，资源分为显性资源和隐性资源。显性资源，如教材内容、教学内容、教学媒体等，隐性资源是学生已有的生活经验和旧知。本课充分利用了这两种资源，支持教学，服务情境。

在英语课堂中常常运用音频、视频、实物、图片、儿歌等显性资源。本课魏老师分别用到了视频、音频、图片，为情境服务。

一开始，魏老师就用一个校园里的短视频，这一显性资源，展现出小紫儿争做好少年的景象，创设情境，增强了主题的感受，调动学生的情感参与。

“善”是一个笔画比较多的字，魏老师在介绍校训中“善”的含义时，利用图片资源，从象形字入手展开教学，让学生沉浸在情境中，符合小学生对形象乐于接受，易于理解的特点。

当学生在书写时，魏老师运用了优美舒缓的音乐资源，与书法相结合，作用于学生的听觉，令学生置身于一个充满书写意境的情境中。

同时，本课也用到了隐性资源。魏老师主动挖掘和利用学生的隐性资源，如已有的旧知：我校的六字“校训”——追真、向善、笃美，呈现情境，引导学生在情境中思考学习。

3. 组织系列专题研修，培育教学的底蕴与底气

学校设计了书画专题的校本培训，组织教师进行有梯度的学习。其中，“全员参与、书画自选”的系列培训有16次，内容涉及书法、中国画、彩墨画、布堆画、扎染等，还举行“四笔字”考核，促使全体教师苦练基本功，提升毛笔字、钢笔字、粉笔字、铅笔字的专业审美与书写能力，给学生们做出了榜样。

“妙笔丹青·光阴静好”学校书画全员培训

夏至，带着春的末梢，一步步走近热情。在逐渐炎热的季节里，让我们一起寻一处光阴的静好。2019年6月21日华东师范大学附属紫竹小学在创新实验室和美术教室举行了书法与国画培训活动。老师们积极参与，感受墨的韵味。

书法专场

古色古香的书法专用教室设备齐全，让书法学习更直接更便捷。学校希望能通过信息化的手段，发扬“书画同源，师生共修”、“贴近生活，实用审美”、“沟通心灵，个性创造”的特色。本次活动书体主要有汉代的简牍、隶书、唐代颜真卿的楷书、孙过庭的草书、宋代米芾的行书、清代的小篆等。

通过这次活动，为老师们提供了一个展示书法艺术的平台，为更好的发挥特长起到积极的促进作用，为进一步弘扬中华民族书法文化传统，丰富校园文化底蕴，展示老师们的书法水平起到了推动作用。

国画专场

我校是一所书画特色学校，为老师们普及书画，让老师们亲身感受国画的魅力，体验一把国画的瘾，学校聘请了国画专家从中国画的发展历史讲起：中国画，简称“国画”，主要有山水画、花鸟画、人物画和动物画。

中国画的历史已有2000多年，它是用毛笔、墨和中国画颜料在特制的宣纸或绢等材料上作画，称为水墨丹青，是以水为韵，以墨为骨，色彩为辅的画种，题材非常广泛。专家侃侃而谈，让我们了解到国画的精妙之道。此外，我们还欣赏了专家的国画作品，感受了一番不可言说的水墨韵味。

随后，专家从勾填法和没骨法两种技法入手，示范如何运笔用墨，如何构图等。国画老师手把手教画枇杷、葡萄、丝瓜。老师们也跃跃欲试，瞧，画得还真有点大师的模样。

中国画的特殊材料和欣赏习惯，在用笔和表意与书法有很多相通之处，即“书画本同源”。“书”的教育和美术学科中的“中国画”都是让学生感知文字形体美的过程，也是文化学习与传承的过程。进入“学生”角色，在文化熏习的过程中，老师们潜移默化地建构出更深层次的教育观。

彩墨画专场

“零基础”能不能完成一幅彩墨画？对色彩、造型都没什么经验，能否直接拿起画笔？所有的问号在紫竹小学工会活动之“走进彩墨画”后有了答案。

彩墨画在中国画里，以“水墨画”为基底，在其上敷色、点彩，使画面色彩更为丰富、明快、鲜亮。

2019年11月3日，学校邀请上海市彩墨画专家沈老师，来学校为老师们开展中华文化传承活动。沈老师首先让大家欣赏自己的彩墨画作品，初步感知彩墨画的独特韵味。然后，他通过讲解、示范绘画的常用方法和技巧，让广富林遗址公园跃然纸上。

老师们认真聆听，积极动笔作画，大胆发挥自己的创意，在安静、愉悦的氛围中充分感受彩墨画的韵味，沉浸在水墨灵动的魅力之中。

在沈老师的耐心指导下，每位老师都创作出一件完整的作品，体味到了满满的成就感。

三、从外到内的修为

1. 创设校园美好环境，处处感受文化

（1）挖掘校园文化内涵

校园环境彰显学校教育理念，潜移默化地影响着学生的思想与行为。我校精心打造学校环境，并赋予每处环境独特的文化内涵，让每一处风景说话，让学生眼中有美景，胸中有文化，心中有校园。经过不断地设计与研讨，我校逐步打造了育人价值凸显的校园风景。

【醉花荫·校门松石联结友谊】

一进校园，迎客松伸出枝桠，迎接雨露，拥抱阳光，每天迎来送往我们的紫竹少年。她倚靠着一块巨型横卧的泰山石，寓意浓阴下“书山有路勤为径”，鼓励莘莘学子在求知的道路上不断求索、开拓创新、勇攀高峰。

她似一位好客的主人，与簇拥的郁金香等鲜花挥展双臂，热情地欢迎五湖四海的宾客来校参观访问。宾客到此，纷纷摄影留念，引以为幸。迎客松和泰山石构筑的“醉花荫”成了我校开放办学，和谐优质的象征。

醉花荫

柔泉石

【柔泉石·高山流水遇见知音】

悠然漫步，循声而往，来到柔泉石景观前，这是学校特意打造的“高山流水”之境。太湖石搭建出一位静静伫立，若有所思的师者形态；倾泻而下的泉水，寓意纯洁，一如师生美好的心灵；一静一动，相得益彰，引得喜欢紫竹小学的知音们不由得驻足欣赏。“高山流水”的典故也在校园广为流传。

【快鹿苑·中央绿地生机和谐】

西行数步，中央绿地近在眼前，乔木和花卉相称，错落有致，互为装点。茵茵草坪上几头美丽的“小花鹿”或微仰着头，或侧耳倾听……树枝上正在攀爬的“小松鼠”左顾右盼，灵动异常。放学后，晚归的孩子在这里与“小动物”交谈，互诉衷肠，构成了一副人与自然的和谐画面。

快鹿苑

【足迹墙 · 连廊墙壁见证成长】

一路往北，远远便能看见操场边连廊东侧的爬山虎墙——满满一墙的爬山虎，那么绿，那么嫩，叶尖儿朝下，均匀地铺着，一阵风吹过，荡起层层波纹，实在是美极了。正像苏霍姆林斯基说的那样，好的教育能让校园里的每一面墙说话。这些爬山虎伴随着孩子们的童年，一脚一脚地往上爬，时刻激励着孩子们一步一步往前进。连廊西侧的足印墙上，一只只小脚印是孩子们足球训练的见证。孩子们追寻着脚印，观赏着爬山虎，去感受坚持不懈的伟大力量。

足迹墙

【童乐里 · 童话梦境童年美忆】

放眼校园，满目绿色；纵观四季，花木竞相开放，连每一步台阶都是学习的资源。力求每一处都给师生带去舒适、快乐、关怀和收获，使校园成为孩子们幸福的学苑，温馨的家园，向往的乐园。

童乐里

【空中道·屋顶绿化靓丽风景】

一花一世界，一叶一菩提，一座一茶室。穿梭在校园的每一个楼层，你会发现，在教学楼主楼走道沿口都设有绿化花箱，合计面积近 53.5 平方米。学校还专门设立了屋顶绿化项目，在鸟语花香的氛围中，为学校增添更多生机。课间、午间，学生们在此或眺望远处，或闲谈游戏，真是心胸舒畅。

空中道

（2）组织主题作品展

经过数年的累积，我校的书画教育已经形成了一定的品牌特色。为了激发更多师生对书画文化的热爱，我们还努力为教师和学生搭建更大的展示平台。

在前期书画教育取得宝贵经验的基础上，学校结合五年级课程设计，开设了毕业书画展。除了展出部分书画特长学生的作品，还展出了五年级孩子们在书法社团、快乐活动课等学习活动中书写的作品。这样面向全体学生的展览，深化了学校书画教育的普及性，为孩子们搭建了展现才华的舞台，以多元化的方式巧妙地把热爱书画文化的种子播撒到更多孩子的心中，获得了家长和学生的热烈好评。

微信摘录

5月17日，值我校举办“浸润经典，传承文化”和长三角“玉兰花开”小组共建活动之际，毕业生书画作品展进入了试运营阶段。很多书画迷已经迫不及待来到展厅，一饱眼福。高金阳、王湘怡两位主展作者向嘉宾老师介绍了自己学习书法和国画的心路历程，自信地与专家老师们互动交流，收获颇丰。老师们也连连竖起大拇指，表扬他们小小年纪已经初露锋芒。

同学们排着整齐的队伍进入展厅，按照参展须知，有序观展。在魏老师的讲解和指引下，同学们了解了不同竖提的特点、作品的不同式样等书画知识，为自己定下了努力的目标。

同学们还在留言墙上写下了自己的感悟，纷纷表示要努力练习书法，将悠久的传统文化传承下去。

微信摘录

6月22日，在我校行政楼五楼，随着小主持人响亮的声音，2017届毕业生书画展仪式正式开始。首先，华东师范大学附属紫竹小学领导对参加毕业生书画展的同学们表示祝贺。学校致力于培养多兴趣、启发展的学生,也为所有学生搭建展示平台。这次毕业生的书画展览既显示出了紫小少年的实力,也表明了学校对特色课程的大力支持。

闵行区老年书法家协会常务副会长斯华申先生和华东师范大学传播学院副教授崔树强先生为毕业书画展寄语,并对入展同学提出了新希望。两位专家还将自己亲笔签名的书赠送给同学。王湘怡同学代表入展同学发表感言,感谢学校多年来的培养,让他们有了今天的学习收获和成果。

开幕式结束后,大家在展厅内边看边思索。两位专家留下了珍贵的墨宝,并对学生们的作品做了适切的点评。他们对于小小少年能完成这样一次展览表示赞叹,同时,也为同学们提出了今后努力的方向。

(3) 打造廊道文化

廊道文化是学校环境文化的重要组成部分。廊道文化不仅彰显着不同时期学校育人工作的成果,也常常因为独特的装饰、个性化的布局、丰富的内容吸引着学生们的视线。可以说,廊道是课堂教学的延伸。作为重要的育人媒介,打造廊道文化,越来越受到各个学校的重视。

在紫竹校园里,长廊文化也是一道独特而亮丽的风景线。近年来,为了充分发挥教师、学生的主观能动性,用师生们的书画作品装饰廊道,成为了紫竹校园的一大特色。无论是课间漫步七彩长廊,还是驻足过道歇息,处处可闻墨香,时时可见文迹。

师生们或用钢笔书写着雅致的《爱莲说》,抒发对古代文人高雅气节的向往;或用端庄大气的隶书书写着“千里冰封万里雪飘”的北国风光,表达豪迈的情怀;或用铅笔写下一行行娟秀的小字,诉说着对友情的幽幽情思……廊道文化不仅是书画的展示平台,浸润着墨香文韵,更是紫竹师生以“主人翁”意识美化校园,树立文化品牌的见证。

（4）形成班级特色

在校园生活中，各班同学都积极参与了学校的书画教育活动，形成了突出的班级特色文化。有的用同学们的书法作品布置黑板报、墙面，让教室里洋溢着浓浓书香；有的邀请家长志愿者，为孩子们开设专题讲座，辅导书写；还有的结合元旦、春节、端午等传统节日，举办书画展览、参观学习活动……

2019 届 2 班“小竹米”班就是一个以书画为主题文化的特色班级。班主任与家委会邀请了崔子越同学的爸爸妈妈——崔树强、廖丹作为主讲老师，定期开设“书法角”课堂，举办班级书法大赛……力求透过书法艺术的熏陶，增强集体凝聚力，潜移默化地丰实文化底蕴，培养孩子们的内在修为和对“美”的感悟能力，形成了独特的书香班级文化品牌。

微信摘录

为了满足需求，发扬传统文化，班级家委会积极寻找资源，特邀了崔子越小朋友的妈妈为“小竹米”班书法角授课，在大家的殷切期望中，10 月 21 日下午，书法角终于开班啦！

练习书法要有耐心、恒心，要时刻保持专注的状态。课程中，“小竹米”们听得十分认真，在崔妈妈的悉心指导下，从基本笔画“三”字开始练习。在一个多小时的课程里，孩子们手、眼、脑并用，沉浸在翰墨飘香的快乐气氛中。活动结束后，很多小朋友仍然兴致盎然，意犹未尽。

“小竹米”书法角的开设，得到了班级老师和家长们的大力支持。大家都意识到：练字，是一种修心。“小竹米”书法角，传授的不只是书法，也是一种优雅的学习方式。

微信摘录

为了巩固和推进“小竹米”班书法角的成果，让每一个孩子展示书法学习的风采，12 月 24 日上午，班级家委会举办了元旦迎新首届“小竹米杯”书法大赛书写展示活动。

此次比赛参加对象为班级学生和部分家长，分为学生组和成人组。结合即将到来的元旦和春节，选手们以“春联”为主题，挥毫书写，笔锋流畅，苍劲有力，各具风格。最终，几位学生和家长获奖，班主任王老师和崔子越妈妈廖丹老师一起为大家颁奖。

“小竹米”班书法角针对孩子的特点，透过书法艺术释放孩子们的心灵，获得了学生、家长、老师们的一致好评。

2. 坚持生命课堂教学，时时丰厚底蕴

自2017年9月以来，结合教师节活动，学校开展了以“黑板上的风采”为主题的教师基本功（板书）比赛。

在活动展示中，老师们纷纷发挥创意，结合学科特点、兴趣爱好和个人特长，设计出了新颖别致、启迪智慧的板书，展示出教师良好的综合素养。

语文

数学

英语

美术

不同教龄的老师们“八仙过海，各显神通”。例如美术组的杨为攀老师，一手妙趣横生的漫画板书信手拈来，不仅显露出扎实功底，还以童趣十足的风格深受孩子们的好评。

杨为攀老师“漫画”板书

钱洁老师“简笔画”板书

语文组的钱洁老师，在一年级的拼音教学中，以简笔画的方式，创设“情景式”的教学氛围，除了发挥图片的隐藏、提示功能外，还巧妙地将拼音教学和表达训练融为一体。

教学步骤：

(1) 图片导入：引导学生观察藏着哪三个字母。

(2) 正确发音，学习四声调。

(3) 图片再现：围绕“小姑娘、大公鸡、白天鹅”各说一句话。

(4) 学生交流 1：白天鹅在游水。学生交流 2：河面上有一只白天鹅。

学生交流 3：小姑娘在唱歌。

(教师引导：小姑娘在唱歌，发出 a aa 的声音。请学生把话连起来再说一遍。)

学生交流 4：大公鸡“喔喔喔”地叫。

(5) 评价引导：

习惯方面(站姿大方 1 星、声音响亮 1 星)

语言方面(把话说完整 1 星)

这些灵动活泼的板书潜移默化地影响着学生们。教师通过巧妙创新的板书设计，梳理知识框架结构，启发孩子们个性化的思维，碰撞出智慧的火花。充满书香的课堂，以底蕴之丰厚，启学习之成长。

3. 集聚内外多方资源，人人学习创造

（1）家庭：书香家庭、家风书写活动、家长进课堂

家长课堂育氛围——学校历来将“家校共建”作为书画文化育美课程研究的重要途径，发扬“走出去、请进来”的精神，主动邀请有书画专长的祖辈、父辈的家长志愿者们走进课堂，结合学校、班级特色活动，开展专题讲座，营造家校共育的氛围。

例如，2019 届一（8）班陈妙浔同学的妈妈蒋菊华，从“汉字的出生”、“汉字的成长”、“汉字的趣味性”三个方面诠释了汉字的魅力，用“仓颉造字”的故事教导孩子们要注意观察生活，讲述“司马池誓死捍卫石鼓文真假”的事迹，尽显古代士大夫的不屈气节。

2018 年 12 月 28 日，二（5）班的张德妮萨爸爸张小勇老师，在晓竹剧场为孩子们带了《中国书法简史》的微讲座。他以自我演示配合学生体验的方式，展现了汉字从甲骨文到铭文、秦篆、汉隶、楷、行、草的演变过程，将书法史浓缩成了一条清晰可见的运行轨迹，深入浅出、趣味横生。

2018 年 12 月 26 日，三（4）班李翊萌同学的外公许凯老师，做了主题为“文房四宝与书法四体”的微讲座。

2018 年 12 月 28 日，四(2)中队崔子越妈妈廖丹老师带来“热血书家颜真卿”的微讲座，以书法名家颜真卿的一生经历为主线，讲述了他的书法风格与人品气节，感受“书品如人品”的重要内涵，鼓励大家努力成为一名“品行正、知能真、身心健”的紫竹少年。

家风书写传美德——为了贯彻习总书记关于“重视家庭建设，注重家风，注重家教”的精神，学校先后举办了“树家风　扬家教”的家风家训书写展赛活动。

比赛分为书法、绘画两类。大家用精妙的构图、强烈的感染力与表现力，把身边的好家风，好家教，用隽秀的文字、美好的线条，一一呈现出来。书法作品运笔流畅、笔锋有力；亲子绘画作品栩栩如生、稚趣十足，让我们感受到家长对教育的重视，对幸福生活的向往。这次活动不仅传播家庭教育正能量，让孩子们在潜移默化的家庭教育中学习“诚实、善良、孝道”等传统美德，心中埋下了书画文化的种子，品行之美在幽雅墨香的熏陶下，更显魅力无穷。

家庭风采溢书香——家庭中浸润的书香文化，结出累累硕果，学生和家长成为书画文化育美课程的参与者和受益者。2019 年，学校成为“上海市书法示范校”，12 位紫竹学子喜获“上海市书法作品丹顶鹤奖”，崔树强家庭被评为“上海市书香家庭”。

(2) 社区活动联纽带：在吴泾社区的大力支持下，紫竹小学的同学们获得了更多锻炼的机会，拓展了更宽广的视野。2020 年 11 月 2 日，一批小小书画爱好者和他们的爷爷奶奶，在吴泾镇社区学校老师的带领下，来到宝龙广场，参加了“扬国风，写最美中国字”的书法共建活动。孩子们和爷爷奶奶一起挥动毛笔，学写以“家”为主题的斗方作品，以自己的行动，写最美中国字，做最美中国人。社区活动如同纽带，牵连起祖孙隔代对中华传统文化的热情，也为紫小少年搭建了展示书画才艺的舞台。

紫小部分学生与祖辈参加吴泾社区学校书法活动

（3）集团支持多助力：在华东师范大学教育集团的关心下，华东师范大学美术学院的一批书法专业的研究生，作为志愿者，走进了紫竹小学，义务为孩子们开设书法“快乐 30 分”社团课。青年志愿者们专业功底扎实，乐于和孩子们打成一片。几年来，一届又一届的志愿者已经成为了孩子们的“大哥哥大姐姐”，认真、耐心地陪伴孩子们渡过了一个又一个墨香阵阵的“快乐 30 分”。

华师大书法专业志愿者在紫竹小学执教“快乐 30 分”课程

四、学科融通的活动

1. 拜大自然为师，体会校园四季风华

（1）节气扑克牌巧制作

2017 年冬季，结合校园雅韵文化节的活动，学校推出了“二十四节气趣味扑克牌”设计活动。在活动开展的过程中，老师们和同学们一起突破学科界限，融合漫画、蜡笔画、隶书、音符等不同的学科特色，巧妙地设计了一系列新颖别致的“二十四节气趣味游戏扑克牌”。除此之外，同学们还用这些扑克牌在数学周活动中开展“24 点游戏”，既是浓浓的书香雅韵熏陶，又是思维火花的不断闪现，学科融通，乐趣无穷。

二十四节气趣味扑克牌

<table>
<tr><th></th><th>主题</th><th>相关学科</th><th>备注</th></tr>
<tr><td>一年级</td><td>食物、植物</td><td>自然、语文、美术</td><td rowspan="5">1. 1—10 的数字
2. 四种花色（可用春夏秋冬或代表性植物）
3. 纸张稍硬（铅画纸等）
4. 纸牌大小、形状不限</td></tr>
<tr><td>二年级</td><td>动物、农谚</td><td>自然、语文、美术</td></tr>
<tr><td>三年级</td><td>英语二十四节气、成语、校园活动</td><td>英语、语文、体育、美术</td></tr>
<tr><td>四年级</td><td>书法（钢笔）、歌曲、诗词</td><td>语文、音乐、美术</td></tr>
<tr><td>五年级</td><td>书法（毛笔）、诗词、校园景色</td><td>语文、书法、美术</td></tr>
</table>

“二十四节气扑克牌”作品

(2) 晓竹少年宫

华东师范大学附属紫竹小学“晓竹少年宫”成立于2019年10月,是区级学校少年宫,旨在为本校及周边学生提供丰富的学习资源,开拓自主学习的空间,满足学生需求的多样化与生活化。

庚子鼠年,因为疫情的原因,原定于每个寒暑假举行的学校少年宫活动课程,不得不从“线下”的形式,转为了“线上”。在学校的大力支持下,书画项目组的老师们结合个人的兴趣特长,精心策划,为在家生活、学习的同学们特意准备了丰盛的精神文化“大餐”,推出了“晓竹少年宫”主题式综合活动书画云课程,涵盖了书法、美术、自然等多方面的学科综合课程。

其中,学校书画项目组的张璇、陈盈盈两位老师推出的《福至心“灵”》和《心“灵”手巧》尤其受到同学们的欢迎。张璇老师以“福”字为主题,引导同学们了解春节贴“福”的习俗,带领同学们探究“福”的文化内涵和演变过程,学习如何书写多种字体的“福”字。陈盈盈老师则围绕着“鼠”年的文化,以“画”作为突破口,带领大家认识形象各异的老鼠动画形象,制作“鼠”形象的小点心,收获了满满的甜蜜。

“晓竹少年宫”主题式综合活动书画云课程,打破了单一的学科壁垒,将多学科内容有效整合,拓展了全新的教育空间。课程不仅面向本校学生,还积极向吴泾地区的兄弟学校推送,共建书画教育的土壤,形成了区域间的教育合力。

自2020年5月中旬恢复线下教学后,项目团队继续开展“线上-线下”混合的教学模式,每一期课程都会发布学习任务,各班语文老师结合日常教学和校园节日活动,追踪反馈学生们汉字学习、古诗文积累、民俗活动的情况。

2. 立足生活实际,开展综合主题活动

伴随着书画项目的推进,学生的认知水平广泛提升,学习兴趣空前高涨。为满足学生日益增长的学习需求与学习愿力,我校立足于学生认知、生活、心理发展的实际状况，从学科融合、生活融合、活动融合的视角开发了系列综合主题活动，既注重综合性社会实践，又注重项目化学习。

(1) 汉字文化课程概况

自2019年2月起，作为汉字项目化学习实验校，在上海市特级教师景洪春老师的带领下，致力于"基于项目化学习的小学汉字文化课程的设计与实践"的课题研究。我们结合由上海市特级名师黄荣华老师主持编写的《中华传统文化优秀基因现代传译》，选取了象征中华文明体系中"中华大地、诗书礼乐、汉唐文史、修齐治平、天人合一"等不同精神层级的五十三个汉字，在各年级进行单元主题式教学。

根据每个年级学生实际和语文统编教材的教学需求，精选了3—4个汉字组成学科拓展性主题系列课程。课程通过"字之象、诗之声、文之韵、事之理、人之情、文化点醒"几个版块，引导学生通过不断的学习和探究，在项目化学习的过程中不断培养问题意识，激发对经典诗文学习的内在力。

汉字文化课主题系列课程

年级	维度	汉字文化课主题系列内容
一年级	人与自我	"天地人"
		"学习"
二年级	人与社会	"亲师友"
三年级	人与自然	"日月年"
	人与社会	"文史礼"
四年级	人与社会	"神龙国"
五年级	人与社会	"修齐平治"

在课程推进上，前期(2019.2—2019.5)以景洪春老师示范教学为主。每隔一、两周，景老师示范汉字课一节，课后，项目组团队的老师们跟进研讨交流，这一时期主要是用"汉字文化课"的教学方式进行学习，并初步体会"项目化学习"的理念。第二个阶段(2019.5—2019.8)，项目组团队的

老师们开展了初步自我教学尝试，利用暑假整理了部编教材中“课文、语文园地、日积月累”相关的汉字文化教学素材包。第三个阶段（2019.9—至今），老师们继续在景老师的带领下参加了一系列有关汉字文化以及项目学习的讲座培训，并结合教学实践，对“项目化学习、汉字文化课”之间的关系，进行不断探索。

（2）汉字文化课程概况典型课例

A 汉字文化中的“项目化学习”研究

“汉字文化课”打破了学科单课落实的传统，将若干文本组合成单元，灵活施教。从提出驱动性问题、组建项目小组、明确问题特征开始，到建立与以往知识的联系、形成解决路径，再到形成初步结果，最后到设计公开成果展与出项活动。这样的改变打破了原有的课堂教学结构和范式，成为了教师专业发展上的全新契机：老师们需要从“教学内容的讲授者、传播者”转变为“学生主动学习的引路人、陪伴者”。

陈琢老师执教的三年级汉字“史”单元的三次接力棒式探索

第一次：教学前，陈老师让学生“写一写个人成长史”。在课堂上，她先详细讲解“史”字的本义；接着，讲史官的故事——简介古代良史的传统和风骨；然后，让学生理解、记诵名言，了解“史”的作用；最后，让学生动笔修改课前所写的个人成长史。尽管老师上得非常用心，学生听得也很认真，但他们的学习兴趣和动力没有被激发，思维层级还停留在识记、背诵层面，因而，任务成效并不明显。从学生作品中可以看到，尽管创意十足、排版巧妙，但作品都是事先完成，学生并没有考虑“为什么记录、如何选择”这些深层次的问题，没有触动学生的高阶思维。此时的“个人成长史”还只是“大事记”的简单罗列。

教学后，项目组的教师们共同反思：

1. 驱动型任务是真实的，但由于教师提供的学习材料是古代史、国家史，与学生的认知水平及教学驱动任务存在很大差异，无法实现知

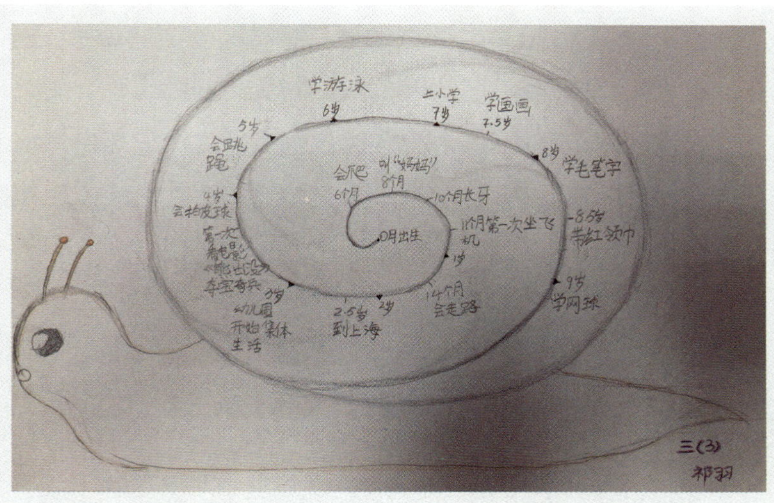

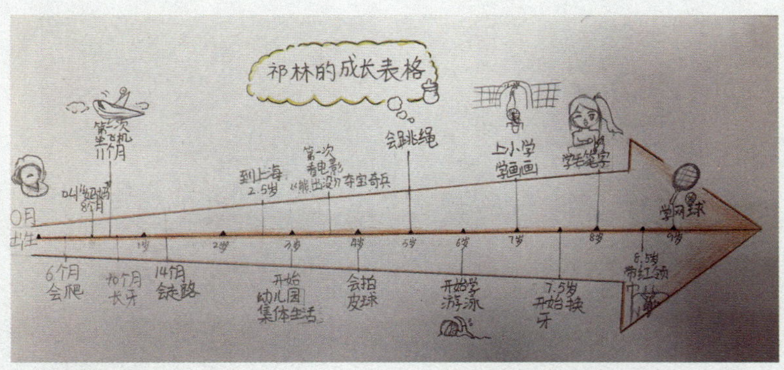

识与生活实际的联通。

2. 教学过程中“做”和“学”脱离，缺失了从懂“史”之意到写“史”之能的转化环节。

第二次：陈老师先调整了课堂上使用的材料，以了解郎平——中国女排灵魂人物的成长为例，激发学生的兴趣和完成任务的动力。再改变活动的切入点，让学生当堂着手编写“个人成长史”。然后，强化学生对核心知识的把握，运用“史”的文化，引导学生对素材进行筛选，凸显成长的意义。

在课后的研讨中，大家又对照项目化学习的要求展开了反思，发现：由于缺乏来自于师生、生生对问题情境的共同探索，没有充分的心智涌动和创造性的问题冲击，学生仅仅是为了产生一个显性的结果而开展项目，在完成个人成长史的过程中，没有主动思考如何解决素材筛选的困难，也没有对自己或同伴的作品进行比较、分析，未达成培育创造性、批判性思维和提升学习素养的目标。

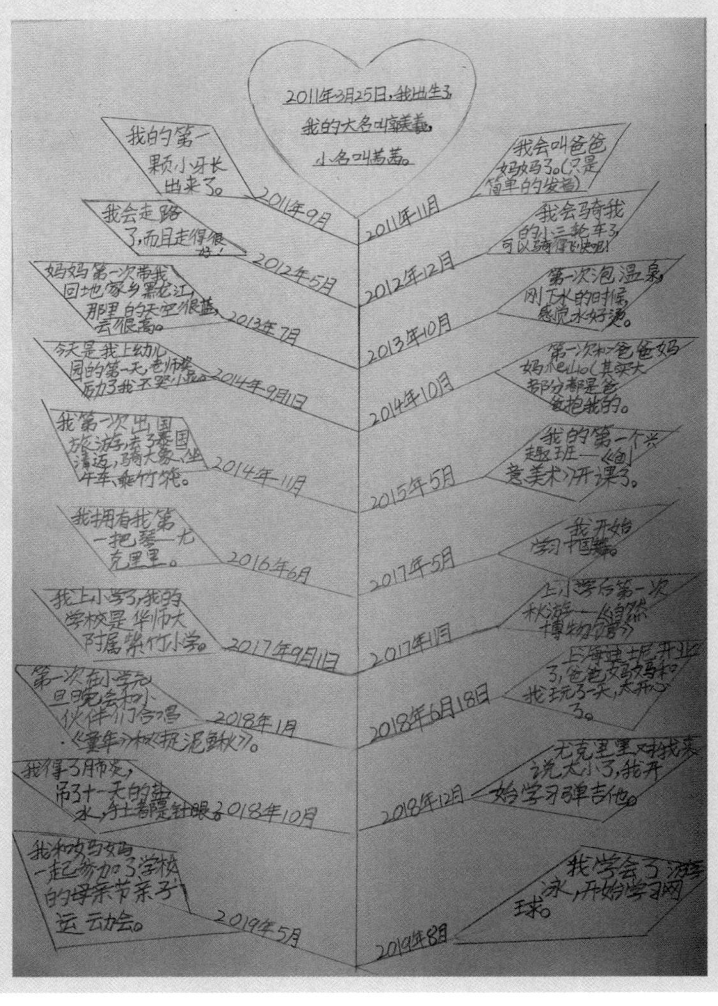

第三次：陈老师让学生观郎平成长史，编写“个人成长史”之后，立即展开同桌与小组的互动，在交流中发现自己或他人作品中的问题，进行概括分析，归类表达。教师针对学生提出的“成长事件来源、事件选择、呈现方式”等问题提供学习资料包，让学生继续进行深入讨论，并思考解决问题的策略。

学生在主动合作学习的具体情境中，兴趣和能力被不断激发。一位女生记录了自己幼年从床上不慎摔下受伤的“大事”，在课堂上侃侃而谈：“我有调皮好动的一面，需要注意安全，对自己是个提醒。”通过编写“个人成长史”，学生们对素材的选择、辨析开始有了多角度的思考。还有的学生选择了“足球成长史”、“入学领巾成长史”等不同的角度来记录，折射出学校课程、校园生活的不断丰富与变化。他们不断体悟、区分、抽象、丰富、深化“史”的概念，了解“个人成长史”与社会（校园、社区）发展史的关系，实现知识的重构与迁移，进行深入持续的探索。

在各年级的实践中，教师们都注重引导学生在一个基于真实情境下创设的项目任务探索，尝试追溯汉字起源，感受汉字形态中积淀的文化元素，学习与汉字内涵相关的经典古诗文、历史故事，体会汉字所蕴含的民族文化信息，认识汉字文化的丰厚博大。课程强调以“汉字文化”配合“语文要素”为纵向的主题结构，以“汉字溯源——经典诗文——历史故事——古今贯通”为横向的教学结构，在纵横结合的方式下，努力搭建不同年级的汉字文化课程体系。整个过程呈现出了一种学科特征鲜明的项目化学习的课堂建构，“新颖”中有“积淀”，“文化”中有“提升”。

B 汉字文化中的评价探索

在汉字文化课程的推进中，教师们还对如何融入多样化的学习评价方式进行了持续性的探索。

苗壮老师执教的四年级“神”

“神”字的教学设计划分为三大板块。一，丰富学生对“神”的认识，提出驱动任务。二，学生自己搜集资料尝试写颁奖词，教师指导改进，举办“封神大会”颁发“颁奖词”。三，定期举办“封神大会”，不断完善“封神档案袋”。在教学过程中，教师对每个部分的评价设计如下：

字之象——了解“神”的起源与意义

文之韵——感受“神”的魅力，体会“神话”特征

讲故事小贴士

讲故事小贴士：
1. 能把“起因、经过、结果”说完整，语句通顺
2. 能够围绕主要人物把故事讲述给大家听
3. 通过讲故事能对其进行分类

在教学中，教师请小组成员相互交流神话故事，并按照“小贴士”中的要求为大家介绍、分类，介绍的时候要注意发言有序，善于倾听。

其他同学根据“小贴士”点评。

评价标准及获得星数			
1. 能解释“神”的本意。	2. 积累与“祭祀神”相关的由“示”字旁组成的汉字。	3. 用钢笔或毛笔书写收集到的神话故事标题。字的大小匀称，结构基本合理。	4. 能够流利地背诵《盘古开天》、《女娲补天》两则小古文，并解释其大意。
☆☆	☆☆☆	☆☆☆☆	☆☆☆☆☆

这一教学片断是整堂课最为核心的部分。它承载着两个任务，一是通过这部分的教学，帮助学生理解“神”当中“精神”的丰富含义，架起“神”与“人”之间关系的桥梁做铺垫。二是学习一个汉字不应该只停留在会认、会说、会写的浅层次要求上，而是要探索、理解这个汉字背后所承载的中华文化。

纵之览——探寻“神话”的前世今生

根据要求，小组合作完成以下任务：

小组合作单

评价标准	是否完成（对应处打钩）
1. 能够按照“开天辟地”、“仙乡乐土”、“英雄出世”搜集相应神话并简要记录其主要内容。	是　否
2. 能够按精神品质搜集当今社会在不同领域创造“神话”的人的事迹，并简要记录。	是　否
3. 选取一个西方神话故事，与中国神话比较异同点。	是　否
4. 小组合作搜集资料，分工明确。	是　否
5. 能够仔细倾听他人的分享并作出回应性思考。	是　否

该评价帮助学生对课堂学习方法进行迁移运用，即继续拓展了解“中国神话”的基础上，运用相同的方法了解“外国神话”并从中探索规律，对比中西方文化的异同。

思之华——封我身边之"神"

颁奖词评价单

评价标准	是否完成 （对应处打钩）
1. 能按"起因、经过、结果"的方式说出同伴最让你感动的事迹。	是 否
2. 能够说出同伴让你感动的精神品质。	是 否
3. 能够响亮、流利地诵读颁奖词。	是 否

"颁奖词"对于小学生来说比较陌生，学生在写颁奖词时常常会把"颁奖词"写成一个小故事，或是把这个故事简要地概括，对于人物内在的精神品质的提炼把握得不够准确，但也有少部分学生能够在老师的指导下写出符合"颁奖词"特征的作品。

通过反复试教、修改，苗老师及项目组团队成员对课堂教学、学生作品中出现的各种问题进行了持续探索和反思改进：

评价多偏向于对"学习结果"的评价。

只有在教学过程中的"讲故事小贴士"是对"学习过程"的评价，没有对"学习态度"和"学习方法"的评价。因而，借鉴吴铮"1＋3"评价模式，增补了关于"学习方法"和"学习态度"的评价量表。

方法评价量规

评价内容	等级	标准	自评	互评	教师点评
研究内容	4	学生围绕"神"提出问题。			
	3	根据老师给定的范围，学生确定问题。			
	2	学生在老师帮助下提出问题。			
	1	教师提出问题。			
收集信息	4	能多渠道收集信息，并标明出处。			
	3	能多渠道收集信息。			
	2	收集信息的途径较少。			
	1	只能从教师提供的渠道收集信息。			

续　表

评价内容	等级	标　　准	自评	互评	教师点评
获取新知	4	学生分析信息后，自己得出结论。			
	3	学生分析信息后，在教师的指导下得出结论。			
	2	学生在教师的指导下分析信息后得出结论。			
	1	学生复述收集的信息。			
交流表达	4	能主动地和同伴交流自己的想法或建议。			
	3	在同伴或教师的交流后表达自己的想法。			
	2	在同伴或教师的询问后表达自己的想法。			
	1	没有自己的想法。			
小组合作	4	组内根据组员特点合理分工，并合作愉快。			
	3	组内分工由组长决定，并且合作愉快。			
	2	组内无分工，由个别人完成任务。			
	1	组内无分工，无法完成任务。			
合计					

该学习方法评价量规运用于学生在课前搜集整理中国古代神话的资料。且可以把该量规当成学习指导，从中受到学习方法的启发。以便课堂教学处于“不愤不启，不悱不发”的状态，学生收获更加深刻。

评价量规

评价内容	等级	标　　准	自评	互评	教师点评
参与活动	4	积极主动参与小组活动。			
	3	在同伴的邀请下参与活动。			
	2	小组活动时，听从同伴指令。			
	1	小组活动时偶尔参与。			

续　表

评价内容	等级	标　　准	自评	互评	教师点评
学习兴趣	4	对整个活动都很感兴趣。			
	3	对一部分活动感兴趣。			
	2	活动成功就感兴趣，活动失败就不感兴趣了。			
	1	基本没兴趣。			
独立思考	4	能独立思考一个问题，并想出解决办法。			
	3	能独立思考一个问题，但不能独立解决问题。			
	2	在同伴和老师的帮助下思考问题。			
	1	不能独立思考问题。			
责任心	4	对小组内的每项任务都认真对待。			
	3	只对分到的任务认真对待。			
	2	对自己感兴趣的任务认真对待。			
	1	关系到结果时，认真对待。			
实事求是	4	对每件事情都要求实事求是。			
	3	对自己的事要求实事求是。			
	2	只对别人做的事要求实事求是。			
	1	无所谓。			
合计					

学习态度量规贯穿始终，可以反复运用，尤其是小组合作学习的过程中运用此量规会起到更好的效果，对同伴沟通成效的指导性更强。

评价的对象比较单一。

在教学初稿中，评价对象仅仅针对语文学科，在反思中，老师们尝试与其他学科交叉融合，真正实现项目化学习的“无学科界限”的开放式学习方式。例如，可以运用哪些文化元素——条纹图案或器物，添加在“颁奖词”或“封神榜”的美化设计上；可以开展对于信息技术方面的评价……融合在评价过程当中。

3. 鼓励个性表达，搭设诗书画印展示平台

（1）诗书雅韵丹青画，我与水仙共成长

2021年新春来临之际，学校开展了“我与水仙有个约定”的寒假学科综合活动。同学们拿到元旦游园会上获得的礼物——水仙花球后，在自然老师的指导下，学习雕刻、养护知识；各年级的学生结合《寒假ing》探究作业，以图文并茂的形式，记录下和水仙花共同成长的经历。

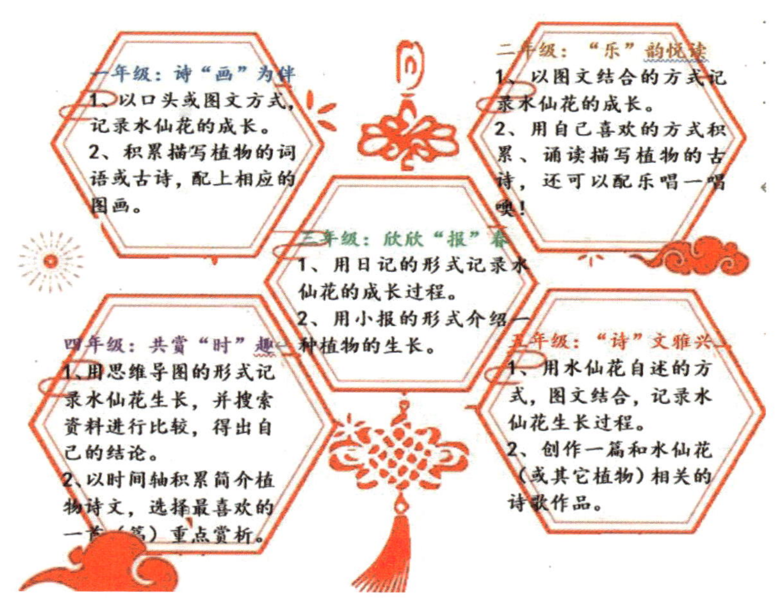

寒假ing“我与水仙共成长”探究作业

在探究过程中，同学们展现出了浓厚的兴趣，在阵阵绿意、幽幽花香的陪伴中，品读优雅诗词，畅享美妙的乐曲，以文字、音乐、图画等不同的方式，和植物交朋友，在诗、书、画的雅韵氛围中进行个性十足的表达，亲近自然，浸润文化。以四年级同学的“共赏时趣”主题为例，孩子们有的一笔一划地认真摘抄描写水仙花的诗文，有的根据时间轴来整理诗文，有的则是把水仙花的成长记录和诗文巧妙搭配，迸发出了灵动的思维火花。

(2) 3D打印有奥妙，个性展现助巧思

2016年3月，我校作为闵行区首批STEM+项目试点校，开始了实践研究。多年来，学校师生坚持"学校，让生命更灵动"的育人理念，立足STEM+课程所倡导的"多学科融合"的教育理念，积极展开课程的校本化实践研究。

前期，我们把STEM和美术、音乐相融合，为作品之美赋值；后续，进一步融合编程教学。在专业设备的支持和老师引导下，学生在ipad上拖动模拟模块，并有序连接，就能操控实体模块。

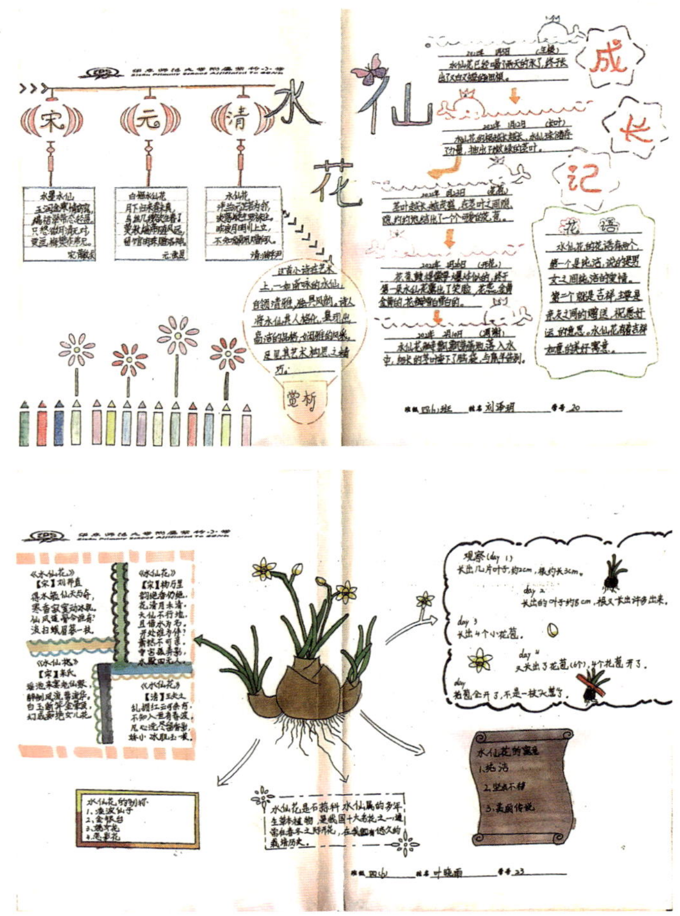

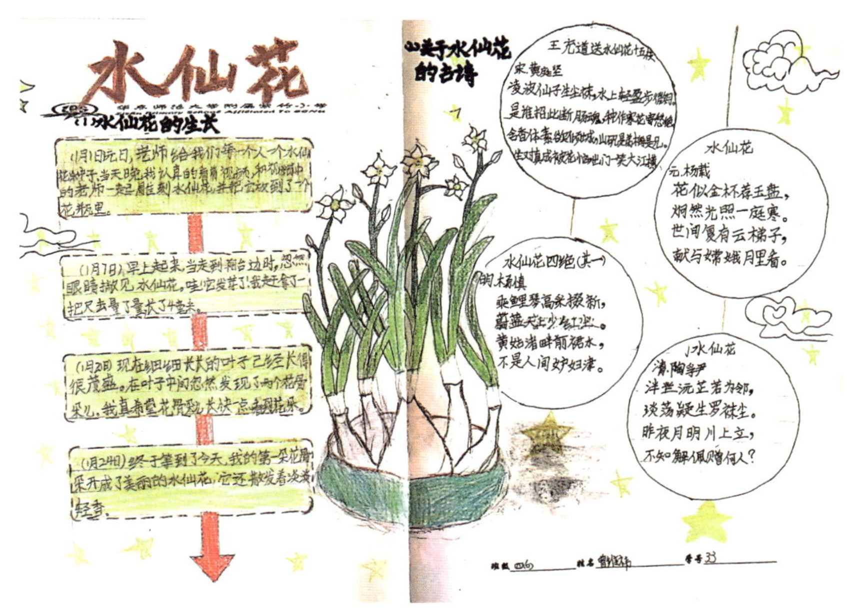

四年级学生“我与水仙共成长”寒假 ing 探究作业

2021 学年第一学期，学校还将书画文化纳入该课程设计，把实体模块和乐高、劳技、美术材料等融合在一起，结合 3D 打印的激光雕刻技术，尝试在银杏树叶上雕刻诗句。老师和同学们一起开展了充满挑战和乐趣的探索之旅。古老的书画艺术在现代高科技的辅助下，焕发了新的生机。“印”有迹而意无穷！

五、美善合一的评价

书画艺术作为中国传统文化，是我们应珍惜、弘扬与创新的精神之魂、民族血脉。培根铸魂，立德树人，弘扬中国传统文化，是我们每一位教师的使命和担当。

规范、端正地写好汉字，提高审美情趣，是学生学好语文及其他课程的基础，更是形成健康人格、实现终身学习的前提。有效、多元的评价不仅能激发学生书画学习的参与度，还能促使学生提高书写能力和鉴赏能力。

书画艺术的审美本质是崇德尚美的，书画教学必须体现中华美育思想内核。我们在注重传授技法的同时，也注重书画艺术的本质及美学原理的基础，以培养学生审美素养、技能素质，尤其是创造素质为核心，力求将德育、美育工作落到实处，使学生通过创造性劳动获得精神方面的成长。

因此，我校书画文化育美课程架构了“美善合一”的评价，倡导的是以德为先、以人为本、全面全体、多元多彩的教育宗旨，以提高书画文化育美课程的有效性，增进师生感情，促进学生的身心健康发展。

在课程评价中，我们积极探索并逐步形成不同维度的标准，以“多维立体”的评价，激发学生“乐学奋进”的持续力，结合不同年段的特点和个体差异性，既关注日常学习表现，又关注课程成果的阶段表现，还关注综合表现，引导老师关注每一位学生的全面成长，让评价贯穿始终，促进教与学。

1. 坚持育人为本，重在科学有效评价

（1）“有序性”制定评价内容，追求科学评价

“标准的设定本身是一种分析行为。”评价标准的制定不是简单罗列一份清单。标准指向也并不是学生零散、离散的知识与技能，而是学生的关键能力与综合素养。教师应对各种影响因素综合分析之后逐步细化才能确定。通常，在制定评价标准时，我们会思考究竟要观测学生哪些目标技能与素养？为什么这些技能与素养是重要的？因此，我们会整体分析21世纪技能，解读相关传统文化教育和书画教育政策标准，综合考虑学生整体学情与教学内容等，再确定评价内容，即概要的目标技能与素养。以“学生能”的句式清晰描述，将目标技能与素养转化为学生可以理解的学习结果。那么学生应怎样更好地展示这种学习结果？我们希望学生做什么？根据学生认知特点，设置与生活密切相关的情境，安排一定的任务后，教师结合情境任务和学生学习结果，将评价内容具体化为不同等第的

评价标准。

(2)“简明性”陈述评价列表，力促师生理解

“设计良好的表现性评价是一个行动理论，它聚焦学习者和教授者，将复杂的技能与内容网络统整成一个可理解的整体。”评价列表应该是师生可以迅速理解的，尤其是学生能够理解的。因为在评价的过程中，除了教师评价以外，更多的是自评和互评的方式。这就要求学生能够快速理解“应该达到怎样的标准”。过于复杂的表述，条目过多的列表，会造成理解的困难。另外，从评价的时间看，主要采用“伴随式评价”。复杂的列表影响学习效果，显然也是不可取的。因此，在设计评价列表的时候，我们力图做到简明扼要，一般核心表现的数量控制在三到四个左右，字数尽量精简。评价栏目上，选择图片的方式，让学生有兴趣地勾选。

(3)“多元化”参与表现评价，激发评价兴趣

建构主义学习观强调学生的自我调控能力对学生发展的重要意义，认为形成自我调控能力的关键在于自我评价能力的提升。的确，评价不应该仅仅是教师给学生评定成绩、鉴定学习结果的某种机制，其更重要的作用应该指向对学生进步的推动。在新基础教育中，叶澜教授一直倡导将“评价权”归还学生自身。因此，在课程实施的过程中，我们注重引导学生采用小组合作的形式完成特定的任务，注重教育共同体的打造（即家庭、社区、学校形成共育共长机制）。总之，在教师的主导之下，根据评价的需求，有序、有针对性地组织、引导学生、家长、社区成员等参与评价，保证评价的丰富性、发展性和公平性。

(4)“全程式”实施评价，提升学习效果

从评价的功能和意义上看，评价可以分为形成性评价和总结性评价。形成性评价就是课程在设计、试用、实施等过程中所进行的评价，以便作出判断和决策，采用修订、完善、放弃等行动。形成性评价比较关注学生在学习过程中的表现，而总结性评价则是在课程试行、实施告一段落之后

所进行的评价，对课程的设计、实施、效果等作出总体判断，并对有关人员作出绩效的评定和考核。在评价过程中，我们以形成性评价为主，辅之以总结性评价，让评价伴随整个学习过程，提升学习的效果。

2. 关注发展阶段，重在综合融通评价

(1) 基于日常教学的低年级“二维兼得”绿色表现评价

我国教育部教育司指出“表现性评价是指在特定的情境中，运用已有的知识和能力解决问题或创造作品，以评判学生的知识与技能水平，以及逻辑思维、实践操作和人际交往等能力的情况”[①]。简而言之，就是“评价主体观察学生行为表现的过程或评估学生的创作作品”[②]。建构主义学习观认为，知识是由学生积极主动地建构而获得，而不是被动接受的。这就意味着学生必须积极参与到教学过程中来，才能获得知识，不断进步。因此，我校的教学评价突显发展性功能，强调评价主体的参与、评价内容与方式的多元化以及评价过程的动态发展。在探索表现性评价的过程中，老师们越来越深刻地意识到，表现性评价在学生的创新精神、实践能力、合作精神、学习兴趣、学习习惯等方面有着相当明显的优势，从内涵看，与我校的评价理念是息息相关的。

低年级评价结合核心素养，从“课堂表现”和“成果作品”两个维度对学生进行综合性评价。针对低年级学生的认知、心理发展等，我们更加关注学习过程中所流露的审美情趣、审美创造力等通识能力，而对专业的审美表现、专业审美知识的运用则相对弱化。以下页表为例。书写力（专业的审美表现）仅占25%的权重。每一项能力分ABC三个等级，可以兑换不同的“竹叶”，以在学期结束时争得不同领域的勋章（代表的兴趣与专注度的大雁章、代表理解与创造力的鼹鼠章、代表姿势与书写力的蜜蜂章和代表表达与欣赏力的灵猴章）。

---

① 教育部基础教育司、师范教育司. 新课程与学生评价改革[M]. 北京：高等教育出版社，2004：70.

② Stiggins, R. Studentcenteredclassroomassessment. 2ed [M]. UpperSaddleRiver, NJ: PrenticeHall, 1997：77

一年级《硬笔书法与汉字故事》学习表现性评价

<table>
<tr><td rowspan="2">奖章名称及成果类型</td><td>评价方向</td><td colspan="2">书画学习过程性综合评价</td></tr>
<tr><td>学生核心素养领域</td><td>具体能力指向</td><td>评价等第及评价三级标准
（A 等级获得三片竹叶，B 等级获得两片竹叶 C 等级获得一片竹叶）</td></tr>
<tr><td rowspan="12">硬笔书法与汉字故事（一年级书法学习综合评价）</td><td rowspan="3">健康生活（审美情趣）</td><td rowspan="3">兴趣与专注度</td><td>A 课上能保持专注力，善于思考，勤于钻研，乐于参与课堂互动。</td></tr>
<tr><td>B 课上能保持一段时间的专注力，在老师引导下愿意思考，参与课堂互动。</td></tr>
<tr><td>C 课上不能集中注意力，不主动参与课堂互动，需要老师反复提醒和督促。</td></tr>
<tr><td rowspan="3">科学精神（审美创造）</td><td rowspan="3">理解与创造力</td><td>A 能听懂老师的讲解，能围绕书写主题，规范地书写，自由创作。</td></tr>
<tr><td>B 能听懂老师的讲解，能围绕书写主题，按照要求书写创作。</td></tr>
<tr><td>C 不理解老师的讲解意图，偏离书写主题。</td></tr>
<tr><td rowspan="3">学会学习（审美表现）</td><td rowspan="3">姿势与书写力</td><td>A 书写姿势正确，笔顺准确，笔画规范有力，结构合理，大小整齐美观。</td></tr>
<tr><td>B 书写姿势正确，笔顺准确，笔画规范，字迹端正，大小一致。</td></tr>
<tr><td>C 执笔、坐姿不规范，部分笔顺不正确，笔画书写不准确，字大小不一。</td></tr>
<tr><td rowspan="3">人文底蕴（审美鉴赏）</td><td rowspan="3">表达与欣赏力</td><td>A 能大方地介绍汉字蕴含的小故事和自己创意组字的意图，也能欣赏同伴的书写，并根据评价标准给予评价。</td></tr>
<tr><td>B 能尝试介绍汉字蕴含的小故事，对自己创意组字的意图说不清楚，喜欢同伴的书写，但不会做出评价。</td></tr>
<tr><td>C 比较害羞，需要在教师或同伴的不断鼓励下简单介绍汉字小故事，无法表达自己创意组字的意图，也不会对同伴书写做出评价。</td></tr>
</table>

（2）基于综合性活动的中高年级“四类三级”书画成果评价

在书画文化育美课程中，教师不仅要传授基础知识，使学生掌握基本

四个领域的动物勋章

技能，而且要注意发展学生的基本能力，即观察力、记忆力、分析问题和解决问题的能力，发挥书法教学的智育功能。教师由开始的引导作用，逐步过渡到学生自主、正确地分析，使学生更为活跃，敢于思考，乐于思考。

拒绝割裂与拼接思维，我校借助综合性主题活动，以学科内容知识为支撑，从传统审美文化特有的概念出发，让学生或临摹名家，或自我创作、小组合作，分别呈现出“软笔书法、硬笔书法、中国画、篆刻”四类作品。教

四类作品奖励名称图

师给予“墨韵传神奖（软笔书法评价）”、“落笔展艺奖（硬笔书法评价）”、“妙笔生花奖（中国画评价）”、“金石华彩奖（篆刻评价）”四个奖励，以适切的三级评价标准，对学生作品进行多元评价。

中高年级加重了对专业审美表现和审美知识应用的评价，以墨韵传神奖为例。

中高年级“墨韵传神奖”评价表

奖章名称及成果类型	评价方向	书画学习过程性综合评价	
	学生核心素养领域	具体能力指向	评价等第及评价三级标准 （A 等级获得三片竹叶，B 等级获得两片竹叶，C 等级获得一片竹叶）
墨韵传神奖（软笔书法作品及装裱）	科学精神（审美创造）	理解	A　能听懂老师的讲解，能围绕书写主题，大胆思考，自由创作。
			B　能听懂老师的讲解，能围绕书写主题，集字创作。
			C　不理解老师的讲解意图，偏离书写主题。
	科学精神（审美表现）	布局	A　章法布局合理，落款和印章位置正确。
			B　章法布局基本合理，略有错落，落款和印章位置基本正确，行书落款略显稚嫩。
			C　章法布局错落较大，大小不一，落款和印章不协调。

续 表

	学会学习（审美表现）	书写	A 笔画劲健，追随古帖，富有神韵。
			B 笔画粗细有变化，主笔突出，间距均匀。
			C 笔画粗细变化不明显，主笔不突出，结构松散。
	实践创新（审美应用）	运用	A 作品表面平整，覆纸四边齐整，托裱过程完整。
			B 作品表面平整，覆纸四边不垂直，托裱过程不完整。
			C 作品表面有散墨现象，覆纸四边不平，托裱过程不规范，需要教师指导帮助。
	责任担当（审美协作）	合作	A 能在组长带领下分工明确，装裱过程安静有序，操作规范，记录完整，能自觉清理残留垃圾。
			B 能在组长带领下有分工，装裱过程有序，能完成操作，但记录不完整，有些许垃圾残留。
			C 组长分工不明确，装裱过程杂乱，没有记录意识，清理垃圾不及时，需要教师持续跟进指导。
	人文底蕴（审美鉴赏）	表达	A 能清晰地表达出自己创作作品的意图，能从布局和书写两方面正确评价自己的作品。
			B 能表达出创作作品的基本想法，能在教师或同伴的点拨下，说出自己作品的优缺点。
			C 说不出自己创作的想法，能在教师或同伴的点拨下，找到自己作品的优缺点。

3. 文学艺术交流，重在意蕴风骨和谐

中国传统艺术历来强调“真善美”的结合，为遵循“美善合一”的评价标准，教师在传授技法的同时，也注重体现中华美育的品行与性质，关注对学生良好的道德情操的培养，以中国书法的艺术价值激发学生爱国情感，以古代书家的高风亮节提高学生人品修养，通过精选书写内容陶冶学生思想情操，紫竹学生在各类艺术交流中诠释着时代精神。

（1）联谊云南小伙伴，智慧友情携手行

在 2020 年 12 月的学校雅韵文化节中，三年级的同学们围绕二十四节气、成语故事、经典古诗词等，充分发挥个人创意，自己动手创作了一套套“趣味游戏扑克牌”，有“成语、节气、动物”不同的主题，新颖

别致。

中国传统文化与一张张扑克牌完美结合，赋予扑克牌寓教于乐的功能，同学们不仅设计了不同的扑克牌，还新增了许多玩法。

除此之外，同学们还将巧手制作的扑克牌和不同玩法的视频，一起送给了云南香格里拉市洛吉乡小学、金江镇小学、上江乡小学的同学们，和他们共同享受学习的智慧和快乐。前来参加跟岗培训的两位校长作为代表接受了同学们的心意。小小扑克牌，传递的是智慧，牵起的是友谊。

三年级师生向云南联谊学校来访校长赠送二十四节气扑克牌

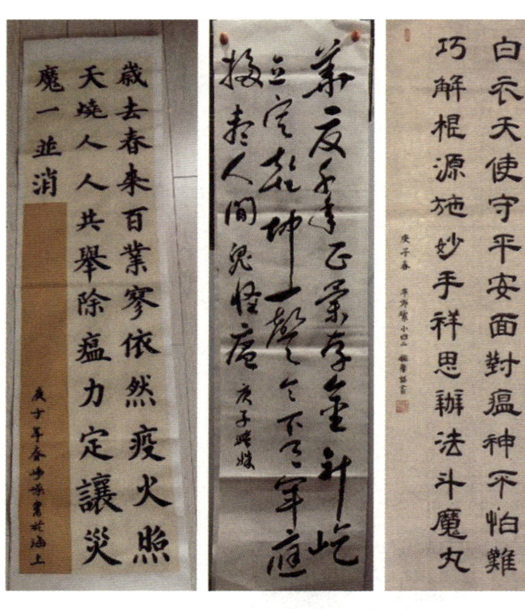

学生抗疫主题书法作品

（2）诗书画印齐抗疫，笔墨丹青共抒怀

古人认为，文学的功能在于应景应时而作。2020年，“新型冠状病毒”这个词牵动着全国人民的心，大家共同经历了一场严峻的考验。紫小师生们，纷纷拿起笔创作书画作品，讴歌抗疫、防疫前线涌现出的英雄模范，歌颂众志成城、抗击疫情的时代精神，描绘全民战“疫”，弘扬正能量，为抗疫一线的英雄们加油助力！

（3）山川异域风月同，书画卡片寄祝福

近两年，我校一直致力于与各类国内国际学校一起搭建交流平台，在不同文化的交流碰撞中，为培育心智开放、乐于探究的学生拓展多样化的学习空间。

2019 年 1 月 13 日—19 日，24 名同学在老师的带领下，与日本大河原小学、福井大学附属小学开展联谊活动，一起制作折纸，交流书法作品，参加课间劳动……彼此了解，传递文化，结下了深厚的友谊。

2020 年 2 月初抗击新冠病毒疫情时，大河原小学的同学为我们寄来了口罩，福井小学的同学和我校同学相互寄送了加油祝福的心愿卡。中日双方的小伙伴以图文结合的方式，在卡片上用美丽的樱花、巍峨的富士山、可爱的大熊猫、壮观的长城……分别代表两地同学相互鼓励，携手共抗疫情的友谊，留下了一段中日文化交流的美好佳话。

向日方伙伴赠书法作品

中日双方伙伴互赠祝福卡片

(4) 五湖四海结友情，笑语声声传墨香

书画文化育美课程的学习有校内的“小课堂”，更有天地间的“大课堂”。学生们特别喜爱“博物研学”的探究实践课程，他们走出校门，走进社区，展现书画本领；走进大学，与书法研究生们共书；远赴外国外省，请教书法名家，传播书画文化……行走在天地之间，感受源远流长的书画文化，讲述中国书画小故事、演绎中国书画特色，展示紫竹少年温文尔雅的书卷之气和自信有礼的文明形象。在探究实践中，孩子们传承中国悠久的书画文化，成为了传播中国文化的小使者，也与世界各地的伙伴结下了深厚的友情。

上海・紫竹小児童が訪問

大河原小 授業に参加、交流

中国・上海の華東師範大学付属紫竹小の児童15人が、大河原町大河原小（児童817人）を教育旅行で訪れた。両校が今年1月、友好協定を結んだことを受けて実現した初の交流事業。紫竹小の児童は大河原小の児童の家でホームステイしたほか、授業に参加して交流を深めた。

訪れた児童は3～5年生で、9月30日にホームステイ先で一泊して翌日、大河原小で一緒に書道や体育の授業を受けた。中国の小学校では一般的に行われない校内清掃も体験した。

紫竹小4年の金沢宇君(10)は「ホームステイの交流が楽しかったし、初めての給食はおいしかった。上海は大都会で人がいっぱいいる。大河原は人は少ないけど、心地よい感じ」と話した。

交流を終えて大河原小を去る際には、紫竹小の女子児童が涙を流して別れを惜しんだ。

大河原小の川田智佳子校長は「子どもたちにとってこれからの時代、多様な文化を理解することが非常に大切。特に意思疎通で英語の重要性を認識したはず。とても意義のある交流だった」と話した。

授業で書を披露する紫竹小の男子児童

J1仙台の平瀬さん「準備が大事」

玉浦中で講演

岩沼

サッカーJ1仙台クラブコーディネーターで元日本代表FWの平瀬智行さん(42)が、岩沼市玉浦中（生

牛乳パッ

非常用電

角田中

角田市角田中（生徒432人）の1年生が9月30日と10月4日、牛乳パックを

中日学生以书交友

赴日书法文化交流活动

2019年9月刚刚结束的“赴日书法文化交流活动”，学校15位分别来自三、四、五年级的同学背起行囊，踏上了去日本研学的旅途。这是一次有趣的交友之旅。学生们住的不是酒店宾馆，而是住在了日本小朋友的家里。听听学生们的心里话：“我们既激动又紧张，激动的是可以有机会了解日本家庭的生活现状，可以与同龄的日本小伙伴交朋友，紧张的是住进语言不通的陌生人家里，我们该怎么交流呢？会一切顺利吗？”

结交到了新伙伴后，我们还跟着他们一起去学校读书，体验了一天日本小朋友的生活呢！这一天恰逢祖国国庆，在日本小朋友的书法课上，我们将自己对祖国的祝福，对和平的渴望写在长卷上，赠送给了大河原小学，感谢他们为我校游学的学生的支持和帮助……”还没回到上海，我们就收到了日本当地报纸发出的新闻报道。而中日学生的友谊，也在一张张明信片中延续。

第三章
办特色学校，传大爱新韵

一、实践出真知，师生共成长

我校在总结以往书画教学方面取得的经验与不足的基础之上，以弘扬传统书画文化，传承中华国粹为根本，开发了具有校本特色的书画文化育美校本课程，精细化课程目标，系列化课程架构，创新课程管理，特色课程实施，通过实践，让师生们都得到了切实的成长。

校本课程在上海市三类课程中的设置

课程类型	课程内容	涉及学科/开展形式	开设时间
基础型课程	硬笔书法、书法应用、国画	语文、书法、美术	语文写字课、美术课
拓展型课程	一到五年级的书画拓展课	语文、书法、美术、音乐、信息	周一下午"快乐半日"课
探究型课程	"紫竹快乐30分"，探究书法，参与艺术创作比赛等	学生社团、各级比赛	放学后的书画社团活动
	"博物研学"书画探究课程	外出书画研学	假期探究活动

1. 翠竹拔节，少年展风貌

在课程推进中，我们一直以学生的成长作为出发点和归宿点，在学识、兴趣、习惯、品格上实现学生的生命灵动，满足学生的多样化体验，丰富其人生的直接与间接经验，提升人格素养。

（1）五育并举，提升学生核心素养

课程融入了德育、智育、体育、美育、劳动教育，与校园四季主题活动相结合，发挥育德、启智、健体、审美的综合效应，力求内容贴合学生身心发展特点，从阅读、思考、表达、练习等方面实现学生关键能力的提升，同时，课程蕴含浓厚的人文素养、审美情趣，促进学生综合能力和品格行为的共同进步。在这样的课堂中，孩子们不仅学习了技法，更多感受到的是中国书画的文化精髓，学习书画大家的高尚品格和高超技艺。

"先心正后笔正"，学校还长期致力于书画教学和心理建设相结合，用书画教学对学生进行心理辅导和文化熏陶，帮助学生养成良好的习惯、坚定的意志和完善的人格。在书画创作中，教师将"规矩、内修、审美、养性、怡情"融为一体，引导学生观察发现，善思乐创，提升修养，给汉字的点画线条注入生命，传递出生命的灵动感。

（2）主题研学，提升学生综合能力

学校以开学典礼、毕业典礼、元旦新年、六一庆典、十岁生日等成长关键节点为契机，开展"书长卷，观书展、做印章、创书画，写扇面……"等主题活动，全校 1 200 多名学生都参与其中，参与率达 100%。

学校的对外交流也很多，孩子们将作品赠送给外省市和外国的教育参访团。通过丰富的体验，学生的身心得到和谐的发展，在学习探究、参与活动、经历体验等方面都产生了浓厚的兴趣，进一步提升了审美能力，潜移默化地树立起民族自信、文化自信。

学生最感兴趣的是每个假期的书画研学活动，如"墨香研学之旅"。研学分四大板块，分别是"来到草圣故里'永州'，探寻柳宗元足迹""走进书法课堂，领略大师风范""欣赏书画作品，体验翰墨情怀""参观永州博物馆，感受潇湘文化"。

“永州申城传文脉，湘江浦江蕴墨香”
紫竹学生传承与传播书画文化活动

永州是一个书法资源丰富、文化积淀深厚的城市，柳宗元在这里创作了《江雪》、《永州八记》、《捕蛇者说》等名篇，著名思想家周敦颐、唐代草书大师怀素以及清代书法大家何绍基都出生在这里，唐代楷书大家颜真卿也在这里留下了名作《大唐中兴颂》。这些书法、文学和思想资源，都是紫竹小学师生践行“读万卷书，行万里路”的绝好素材。

2018 年 7 月 1 日建党节，也是农历小暑即将来临之际，华东师范大学附属紫竹小学 10 名小学生在党支部书记校长张计蕾、工会主席张勤凤老师和书画项目组教工们的带领下，来到了永州市蘋州小学，和永州 15 名小学生一起，开始了一段丰富多彩的书画夏令营之旅。

此次活动通过翰墨交流，进一步增进紫竹小学与永州市蘋洲小学师生的友谊。永州市教育局、永州书协、永州三中等单位也高度重视这次活动，邀请永州著名书法家为孩子们授课，手把手进行书法学习的指导，还在生活上给予很多支持。特别是致公党上海闵行区委为促成这次活动做了很多前期工作，上海教育电视台的随行记者还对活动进行了全程跟踪报道和采访。所有这些努力，都是为了给两地的孩子们创造最好的条件，培养他们对书法的兴趣，对母体文化的认同，将来能为传承和传播中国书法艺术、弘扬中华文化做贡献。

同行的老师们纷纷表示：书法学习对于孩子们成长的重要意义。它不仅能帮助同学们提高书写能力，而且对于培养他们的耐心、信心、恒心有着潜移默化的影响，对于学习习惯、性格和人格的养成，都将产生积极的作用，而书法中书写的内容往往是诗词格言警句，这对于他们语文水平和文学素养的提高都有很大的助益。所以，学校将永州作为书法研学的基地，不断持续下去，让更多的孩子参与进来。紫竹小学在成功申报“上海市书法实验学校”后，2019 年又成为“上海市书法示范校”，相信书法学习、浓浓墨香必将成为紫竹小学校园文化建设中一道亮丽的风景线。

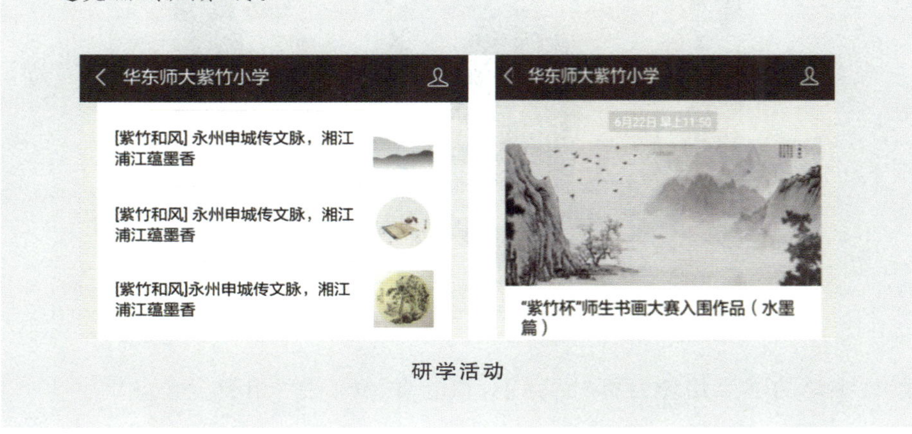

研学活动

每个学期，学校都会专门设计书画文化活动和假期书画研学活动。例如，邀请闵行区书法家协会驻会副主席兼秘书长黄世钊，书法名家郭舒权、周童耀、周伟俊、何为、董佩君、张惠忠、高永华等走进校园书法创新实验室。小紫儿们现场创作，书法家们细细观看，耐心点评，给孩子们讲解握笔书写的基本姿势、起笔落笔运笔的基本技能等，还为同学们示范。书法家们纷纷赞许学校以创新实验室的项目为引领，将课程研究与实践研究相融合，提升了研究的高度，拓展了研究的深度。他们还挥毫泼墨，现场书写了对后辈们的期望：勤学苦练，坚持不懈，修身养性，品德高尚。与

书法名家为同学们示范、指导

紫竹小学的学生培养目标“品行正，知能真、身心健”相契合。

近年来，我校师生在全国市区级诗书画印比赛中获奖 100 余项，其中 12 位紫竹学子喜获“上海市书法作品丹顶鹤奖”，崔树强家庭被评为“上海市书香家庭”。在 2019 年—2020 年第五届上海小学生古诗文大会中，4 位同学获得“桂冠少年”的称号，2 位同学获得一等奖，23 位同学获得二等奖，43 位同学获得三等奖。程赫同学不仅在小学阶段有着优秀的传统文化底蕴，在初中也连续两次获得上海市古诗文二等奖：

2020 年学生获奖一览表

2020.11	夏晨峻	三年级	2020 年闵行区书法美育特色联盟师生书法比赛	三等奖	区级	于健	上海市闵行区青少年活动中心
2020.11	陈子墨	三年级	2020 年闵行区书法美育特色联盟师生书法比赛	三等奖	区级		上海市闵行区青少年活动中心
2020.11	马奕宁	四年级	2020 年闵行区书法美育特色联盟师生书法比赛	二等奖	区级	魏静姝	上海市闵行区青少年活动中心

续　表

2020.11	宋雯俐	五年级	2020年闵行区书法美育特色联盟师生书法比赛	一等奖	区级	冯倩	上海市闵行区青少年活动中心
2020.11	蔡瑞天	五年级	2020年闵行区书法美育特色联盟师生书法比赛	三等奖	区级	卢玫秀	上海市闵行区青少年活动中心
2020.11.10	魏馨诺	五年级	2020年闵行区第五届优秀书法作品征集和展评活动（小学硬笔组）	一等奖	区级	魏静姝、冯倩	闵行区教育局
2020.11.10	魏馨诺	五年级	2020年闵行区第五届优秀书法作品征集和展评活动（小学软笔组）	一等奖	区级	魏静姝	闵行区教育局
2020.11.10	陈茜媛	四年级	2020年闵行区第五届优秀书法作品征集和展评活动（小学软笔组）	二等奖	区级	孙敏	闵行区教育局
2020.11.10	李峻兮	四年级	2020年闵行区第五届优秀书法作品征集和展评活动（小学软笔组）	二等奖	区级	魏静姝	闵行区教育局
2020.11.10	马奕宁	四年级	2020年闵行区第五届优秀书法作品征集和展评活动（小学软笔组）	二等奖	区级	魏静姝	闵行区教育局
2020.11.10	刘雨夕	五年级	2020年闵行区第五届优秀书法作品征集和展评活动（小学硬笔组）	三等奖	区级	冯倩	闵行区教育局
2020.11.10	祁林	四年级	2020年闵行区第五届优秀书法作品征集和展评活动（小学软笔组）	三等奖	区级	陈琢	闵行区教育局

续 表

2020.11.10	马奕宁	四年级	2020年闵行区第五届优秀书法作品征集和展评活动(小学硬笔组)	三等奖	区级	魏静姝	闵行区教育局
2020.11.10	刘泽玥	四年级	2020年闵行区第五届优秀书法作品征集和展评活动(小学硬笔组)	三等奖	区级	宋峥嵘	闵行区教育局
2020.11	魏馨诺	五年级	作品《毛主席诗二首》荣获"阳光天使杯"2020年上海市学生艺术作品展活动闵行区小学组(书法)	三等奖	区级	魏静姝	上海市闵行区青少年活动中心
2020.11	李尧	四年级	作品《李尧朱迹》荣获"阳光天使杯"2020年上海市学生艺术作品展活动闵行区小学组(篆刻)	一等奖	区级	冯倩	上海市闵行区青少年活动中心
2020.11	王易宸	三年级	作品《众志成城战胜疫情》荣获"阳光天使杯"2020年上海市学生艺术作品展活动闵行区小学组(工艺)	一等奖	区级	茅菲菲	上海市闵行区青少年活动中心
2020.11	路博岩	五年级	2020年闵行区第九届"莘城杯"中小学现场书法大赛小学组软笔类	一等奖	区级	魏静姝	闵行区教育局 闵行区青少年活动中心上海市莘城学校
2020.11	刘雨夕	五年级	2020年闵行区第九届"莘城杯"中小学现场书法大赛小学组软笔类	三等奖	区级	魏静姝	闵行区教育局 闵行区青少年活动中心上海市莘城学校

2. 师道有为，教师增才干

（1）有向培养，提升各类教师的持续研究能力。

学校借助开展跨学科教研，号召语、数、英、音、体、美等不同学科教师共同行动起来，打破学科壁垒，学科渗透融合，实现互促共进。例如为了增加书法的宽容度，提升书法教学的质量，除了安排“优势互补”的双师书法教师指导团队，还进行跨界教研，让教学更具全景化和综合化。

其次，学校以“训练基本功、跨学科渗透”并行的原则，借助基础型书法课的教学展示，帮助语文教师逐步规范、落实写字课的教学。

针对“书画项目核心组成员”的专业发展，则是在前两个层次的基础上，通过“书画学本编写、课堂实践、活动设计、论文撰写”等不同的助推方式，不断挖掘出教师自身的专业潜能，迅速发展专业水平，教师的专业能力得到了显著提升，多次在市区级专业比赛中获得一二三等奖。

跨学科听评课

例：2018年，我校在区级开放课堂上，采用跨界融合，语、数、英、音、体、美等不同学科教师一起“评”课、“学”课、“研”课。

魏老师的课中运用了书空的方式让学生进行行笔练习，这是动力定型的一种手段，运用手臂、后背的大肌肉群。建议运用手指和手腕的小肌肉群进行书空，实现动作技能的正迁移，以达到更好的教学效果。

——体育组长沈臣

中国书法和中国画相通相源，意趣相互渗透。西汉杨雄曾说“画为心声，书为心画”。书法从产生起就有着实用性和抒情性两方面，其中又以抒情为魂。书法以线达情，以线传情，具有点线美、造型美、意境美的特征。书法家通过线条来表达情感，欣赏者通过不同的线质领略到书法家情绪的起伏，如张旭的狂草作品线条狂放多变，欣赏者透过其线条的疾涩浓淡，枯湿变化，可以领略到鬼神般的心境和不羁的情怀。而中国画是诗书画印有机结合的绘画艺术形式，它以泼墨奔放的线条笔法直接抒发作者的感情，通过画的立意来扣动欣赏者的情意。有很多优秀的中国书法艺术作品合璧在图画作品中，题跋也往往是绝妙的书法杰作。

——美术组组长沈雯珺

前苏联教育学家苏霍姆林斯基说过，观察对于儿童之必不可少，正如阳光、空气、水分对于植物之必不可少一样。在这里，观察是智慧的最重要的能源。意大利的物理学家伽利略则说过，一切推理都必须从观察与实验中得来。观察是探究的开始。因此，我们应该教导学生养成良好的观察习惯。本课，魏老师通过让学生观察，比较两个字在结构上的不同，符合学生探究事物的一般规律。

本节课的“双钩”是特定的书法技巧。只有将基本技法练好，才能够将字的结构写好。自然课上，也有一些特定的技能要求，如测力计和温度计的使用。这些基本的实验技能，对于复杂实验的顺利进行提供了保障。

书法课上有书写姿势的要求，跟我们自然课实验要求也是一致的。在做实验前，必须先清楚做实验的一般规则和要求，才能开始实验。

书法课上，学生互评不仅可以反映出学生对于技法的掌握程度，也可以提高鉴赏能力。自然学科也在开展基于课程标准的教学与评价。从学习兴趣、学习习惯、学业成果三个维度对学生的学习进行评价，以实现评价促进教学的功能。

以上是我在课程融合中找到的相似之处。这些相似之处也蕴含着教育的共性和一般规律。比如，技能的学习要通过反复强化和及时反馈、注重观察技能的培养等等。自然课的某些课时如了解植物的叶、茎、造纸等，也可以学习书法的多种呈现方式，让学生体悟到自然科学的美。

——自然组备课组长孙晓丽

魏老师自我反思：

一、毕业季献礼，做系列课程

本课为书写校训的第二节课，由于五年级学生即将离校，带着母校传授的技能为母校题写校训，是一件很有意义的事。校训“追真、向善、笃美”的六个字中后三个字都是密集型独体字，具有中宫收紧，横向笔画较多的共性。而这三组词语中都出现了折画——有横折或横折钩。因此，我就在第一节课中将折画的概念讲解透彻，让学生仔细观察短折画和长折画的角度变化，为后续区分折画转折处的技法做好准备。

在本课设计中，我先播放小视频，回忆在母校成长的点点滴滴，产生共情。在学习“善”字中，我呈现了甲骨文的文字变化，帮助学生真正理解“善”字的原意，进而引导学生了解校训的深层含义，将校训中的单字组成他们能理解的词语。

之后的“向字舞”，让学生全身动起来。蔡邕《九势》中提到“下笔用力，肌肤之力”，让整个身体为之而动，才能让字充满生机。并在运动中，加入了行笔技巧，让学生调整呼吸，熟悉笔法。

如何让学生在日常学习中能理解古人“晦涩难懂”的书论并熟记于心呢？只能用教师口中的过渡语，在高年级的课堂上慢慢渗透。本节课，我引用了南朝王僧虔“书之妙道，神采为上，形质次之。”旨在告诉学生学习汉字，只安排好点画的间架结构是不够的，最重要的是笔画传神。

描红练习让学生对字的间架结构有了大致了解，就像语文课中的整体感知环节。而单钩到描红，是让学生根据毛笔笔尖的行笔路线，让整个字的关键笔画写传神。于是，我在设计课堂流程时，把整体描红放在折画的书写之前。这样在对临环节，孩子们就不会像刚开始时那样粗枝大叶，对待重要笔画也十分认真。

二、追问源头，多学科融合

书法不是一个孤立的学科。她是产生最早的文化，却是最晚正式走进小学生课堂的一门课。书法专业在高校设立专业也不过短短三十年，系统教授书法的教材也才更新第一代。书法原本是记录语言的符号，现在却逐步被电脑打字所取代。时至今日，书法艺术在博物馆里，在展厅里，在拍卖行里，在更多我们不容易接触到的地方。于是，我一直在思考，书法教师到底要传承什么？应该是传承文化之根。了解文字最初的样子，了解文字一步一步如何演化，了解各种文化的融通。书法是传统的，更是多元的，是变化发展的，也是有规律可循的。

于是，我在选择“向善”两个字时，舍弃了改良字，坚持使用颜真卿的原帖字。因为我觉得，哪怕时代再变化，还要有一种坚持，才能真正推动书法文化前进。颜体字是颜真卿个人风格的字体，变了写法就失去了原味。唐代书法家、书法评论家孙过庭说过：“今不逮古，古质今研。”学书法要学古人的质朴，不学现代人的研媚。“贵能古不乖时，今不同弊”，最高的境界就是做到质朴不违时宜，研美不同时弊。哪怕“善”字的写法在今日已不常用，仍然要让学习颜体的学生了解，唐代书法家颜真卿的“善”字就是这样写的。

由学古到创作，我想到了和书法相近的学科——美术，“书画同源”，在传统文化中，国画占据着重要地位。既然是毕业季给母校的留念，那么，书画结合就是“最佳拍档”。孩子们在选择扇面材料时也给了我灵感：正面国画，反面书法，装订成扇，既美观，又实用。书法课结束后，还可以利用劳技课，动手制作，拿着自己制成的扇子，给亲人送去凉风，是不是更贴心呢？除此之外，我们学校的绘本创作，从低年级到高年级都在如火如荼地开展。将身边故事的点点滴滴画出来集成册，表达他们心中的校训。正好类似书法中的“册页”。给绘本题写封面这是多么荣幸的事，孩子们也很喜欢这种形式。最后两种形式是书法作品中常见的团扇和斗方。团扇上画连环画，画和字配在一起才是传统书画作品的展示形式。斗方最适合写四个字了，把孩子们心中理解的校训完整写出来。四个小组，结合绘画，让作品更加丰富多彩。

有了绘画的点缀，再来点墨香，剩下的就交给音乐吧。古人写字前都要沐浴焚香，一边有人弹琴助兴，一边书童研磨，安静又不失雅趣。课堂上，不能焚香，没有书童，能增加趣味的只有音乐。感谢音乐组同事帮我选取的乐曲，让孩子们在一片优美的旋律中静心临帖，惬意创作，完成了最后的作品。

当然，整个课堂学生是主体。作为语文老师的我，更希望在这次系列课程之后，能让学生们的表达和评价更进一步。用书法专业术语表达、评价，学会欣赏、评价作品。在课堂上，我会提出一些问题，让学生尝试设置评价细则，不仅有欣赏的眼光，还能将自己的内心想法用语言表达出来，践行六字校训。

另外，用自然学科小组分工合作、共同协助的方式使整个创作过程推进得更顺畅。

又如，在“天地人事　诗书画印　勤思乐创”市级展示活动中，学校同时开放五节书画课，内容涉及“硬笔书法与汉字故事”、“国画入门与文人故事”、“中国书画与装裱制作”、“提高欣赏与篆刻体验”，“有韵味的水墨画”，听课老师来自上海市各个书法实验学校的负责人和书画教师代表，在对课程亮点的评价反馈中，我们看到认为“学生主动参与面广，学习兴趣浓厚”占 86.57%；认为“教师面向全体学生，渗透学法指导”占 80%；认为“教学评价赋予激励，促进学生学习”占 83.33%；认为“教学目标达成度高，学生学有所得”占 80%。对五门课程的整体评价满意率达 100%，其中非常满意占83.33%。

书画文化美育课程的开发与设计,基于不同教师的专业成长需求,鼓励老师们在完成基础型培训后,向更高的"跨学科渗透、综合推进发展"努力,在不同程度上提升了教师的课程领导力。在合作研究中,书画项目真正实现了书画文化美育课程与团队教师共成长。

(2) 跨界融合,培育各科教师的综合素养

在跨学科教研中,在学科融通的实践中,教师们的综合素养也日益提升。

张璇老师的成长

学校的书画项目组可以说是看着我长大的。我因为对书法的兴趣加入了紫小的教师团队。(这张照片是我第一次展示书法时的样子,稚嫩又紧张),教学初期我让孩子们直接从单字开始练习,但二年级的孩子对硬笔技法还掌握不佳,练习毛笔字的效果自然是可想而知。

在挫败中,我渐渐地知道了笔画练习对于初学者的重要性,落笔生花是在一提一按间慢慢对毛笔熟识后才会形成的。不拔高,护兴趣,立足基础目标是书法课堂给我上的第一课。

后来书画项目组逐渐壮大,有了创新书法实验室,在第一次接触这间"高科技镀金版书法教室"时,我不禁感叹,这不是为我的课程度身定做的么?不用课件,不用字帖,不用我来讲故事,连字都一笔一画都帮你写好了,所有的一切它都自带,还要我这个老师有何用?开机关机么?可是书画项目组就是有这样的引领创新精神,在打破自己经验的同时得到重生。怎样提升教师的课堂主导地位?这对我提出了更高的要求。如何比电脑知道得更细致?如何比动画更贴近孩子们的日常?如何才能吸引住他们的眼球?这些都对我提出了更高的要求。

不论是西泠印社书写系统还是希沃电视多媒体互动，都是对老师能力的考验，如何站在科技的肩膀上更好地提升课堂成为了我们新的思考。

加入书画项目组，我有机会对香港代表团开设展示课，有机会了解班级书法特色的内核，从而确立新一轮小课题的方向。作为一名语文老师，我参加书法教研的次数甚至比语文教研还要多，但也更加能够从书写习惯、汉字由来和间架结构上与孩子们侃侃而谈，学生在提按顿挫间对汉字的美感有了进一步提升。语文书法，汉字文化，相辅相成。

"书"中有"数"，以"数"观"书"

——以校本书法课《向上　向善》为例

数学教师　顾　恒

人们对宇宙、对自身的认识从数开始，又从数衍生开去。如青铜器的铸造就是把合金溶液倒入模范中冷却成型的过程，倒又叫"泻"，其初文即"写"，"写"即是"书"。以范本塑造器物是需要把握度的，度则须以精确的数来衡量，如尺度、温度，无不与数有关。而接下来为了体现模具上文字的美观，更需精心架构。[①] 甲骨文作为最早的有书法意义的文字，线条明晰、简洁，镌刻沉稳、干脆，它只有两种线条表征：线段和弧线。隶、楷的线条虽然以直的形体为主，但实际上是由曲线构筑而成。相对于甲骨文的单一细线条而言，它们的直线是以面的形式出现的，面由线合，线由点连。因此，书法艺术承载了极其丰富的数学意蕴，今天我们就以魏老师的《向上　向善》一课为例，谈谈书法与数学的学科融合。

① 朱道卫. 数学与书法艺术[J]. 荆州师范学院学报，2001(3).

一、间架结构

字的架构，即间架结构。“架”类字讲的是对称美，如“善”字，而“构”类字求的是重心稳，如“向”字。因此，判断一个字写得好坏，我们很大程度上是在用数学的方法进行评价，即关注是否对称和重心稳定。

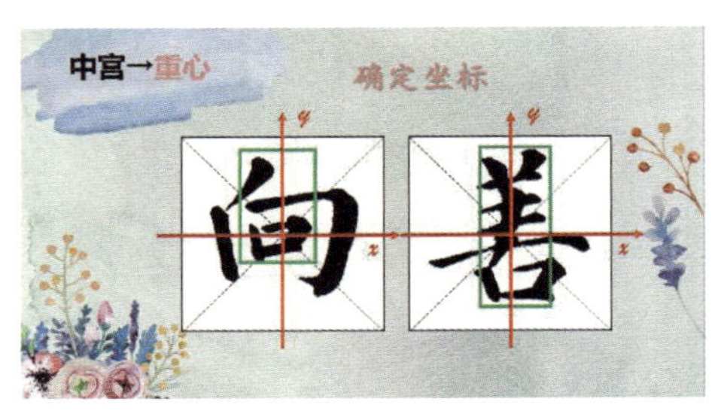

“向善”示意图

在“双钩摹写，感知字形”这一环节中，魏老师通过双钩练习让学生了解字的框架，并让学生观察中宫的松紧状态。所谓中宫，实质就是重心，是汉字的核心要素。不过汉字的重心只能依据方格中的横轴、纵轴上下或左右移动。字体的“端正”、“平稳”就是重心在纵轴上移动。对于初学者而言，要把握重心的位置，就要用田字格、米字格作辅助。若用数学的方法来分析，就是定坐标，借坐标进行位移。颜体、柳体之所以适合初学，很重要的原因就在于这种字体在位置上立定了人为的规则，即对笔画在字中的几何形体、坐标位置作了无形的扎根，使其形成一种稳重的秩序。

一切笔画都要围绕重心进行合理布局、均匀搭配。魏老师通过一组辅助线，即运用数学中的平行线知识，让学生感悟到“向善”各横画的间距排列是均匀的。平行书写使整个字显得协调、得体、紧凑，达到美的艺术效果。

“向善”示意图

二、基本笔画

要写出字的神采，还要看笔画是不是精妙。而汉字的基本笔画近似数学中的几何曲线。横画、竖画是直线，横折、横折钩是不同角度的两段直线，竖弯钩是由一段直线和一段弧组成。在如今信息化时代，利用笔画的特点，我们可以将长度、宽度、倾斜的角度、笔画间的比例关系严格地按照参数进行缩放、旋转等数学化的处理，使计算机能快速地呈现各类字体。

书法的技法讲解与评价处处需要数学的观照。而书法课上观察字形的方式方法也能反哺于数学教学。如《几分之几》一课中，我们加入一个分析字形的问题：楷体书法中"善"字的羊字头大约占整个字的(　)。A. 1/2　B. 3/5　C. 8/9。如果羊字头占 1/2，整个字就会显得比较臃肿。如果羊字头占 8/9，就会头重脚轻，重心不稳。通过课上辅助线的平均分割，可以清晰地看到羊字头与整个字的相互关系，即 3/5 左右是恰到好处的。这样既考察了学生对于几分之几内涵的理解，又让学生对汉字书法的布局安排有了整体把握。再比如在《平行与相交》一课中，我们让学生在"向善"二字中，找一找互相平行、相交的线条，以此综合考察学生对两直线位置关系的理解，以及对笔画所处位置的判断能力。

学科的有效融合就是用跨学科的思维去观察、思考和表达世界。让学生在书法课中获得的远不止于知识和技能，而是通过学会思维、实践与创造，获得情感、态度与价值观的熏陶、濡染与塑造，让自己由内而外地散发理性气质、坚毅品格与追真向善的情怀。[①]

① 汤卫红. 让儿童与数学真实相遇[J]. 小学数学教师，2017(6).

拓展课实践研究

《国画入门与文人故事》为例

卢玫秀

一、案例背景

（一）背景：

根据《上海市普通中小学课程方案(2004 年)》要求：学校课程由基础型课程、拓展型课程和研究型课程构成。拓展型课程以培育学生的主体意识、完善学生的认知结构、提高学生自我规划和自主选择能力为宗旨，着眼于培养、激发和发展学生的兴趣爱好，开发学生的潜能，促进学生个性的发展和学校办学特色的形成，是一种体现不同基础要求、具有一定开放性的课程。

拓展型课程由限定拓展课程和自主拓展课程两部分组成：其中自主拓展课程主要由基础型课程延伸的学科课程内容和满足学生个性发展需要的其他学习活动组成，是学生自主选择修习的课程。

（二）现实背景：

我校自 2011 年开办以来，在高位起步、稳步发展的过程中，为了建设学生喜欢的科目，创造真实灵动的课堂，设计并开发了“七彩课程”，构建了包括“文学与艺术”在内的五大领域课程。而《国画入门与文人故事》则是文学与艺术板块中重要的一门课程，旨在提高学生的审美能力和表现力。

《国画入门与文人故事》创造性地将诗歌、文人和国画结合起来，将吟诵诗歌，了解文人画家，融入到国画的学习过程中，把专业的法则简单化，学生在吟诵诗歌的同时学习传统文化，并利用学到的美术基本技能表达自己的情感。学生不仅学到了专业知识，阅读了文人故事作品，更拓展了视野，开发了创造性思维能力和空间想象力，为以后的学习之路奠定了良好的基础。

国画以其独特的魅力和意境成为中华文化的代表之一。《国画入门与文人故事》的教学目标是：(1)通过国画与经典诗歌相融合，并辅之儿童化的语言和情境，创造出有现代意蕴的童趣作品，让学生对传统精神进行有效的把握和继承。(2)通过学生积极参与诵读和作画，让学生了解进而喜欢国画和传统经典，通过对名人作品的诵读理解、临摹与再创作，尝试用国画来表现生活与情感体验，并逐步培养诗歌、国画的欣赏能力，使学生在自我实践中体会到国画的韵味，受到传统文化的熏陶，提高动手能力，全面促进学生素质的发展，培养有个性、有涵养、有特长、有思想、有创造力的小学生。(3)更新教师的教育观，儿童观和价值观，提高教师的艺术修养，教育教学技能和科学研究能力。(4)形成校园《国画入门与文人故事》这门课的教学特色。

《国画入门与文人故事》把诗歌、故事和国画结合，分"天、地、人、事"四个主题，通过儿童化的语言，创设核心人物即学校吉祥物——"紫儿"，向四位健康小队成员之一的"康康"学习书画技能的情境，让学生了解文人小故事、欣赏诗歌，并学习国画基本技法。

例如：第一章《天之篇》分为"燕子归来"和"公鸡啼鸣"两个小节。从学生实际出发，我们选择了造型简单的燕子和公鸡，选取杜甫《绝句二首其一》和《画鸡》来引入教学。

1. 文人故事知多少

这个板块通过学习，了解诗人杜甫在中国古典诗歌中的深远影响，被后人称为"诗圣"，他的诗被称为"诗史"。知道唐寅是明代画家、书法家、诗人。字伯虎，其诗文，与祝允明、文徵明、徐祯卿并称"吴中四才子"。其绘画，与沈周、文徵明、仇英并称"吴门四家"，又称"明四家"。

2. 欣赏诗歌长知识

这个板块主要是通过学习诗歌的大意，欣赏诗人杜甫，动静结合的写法，既有燕子翩飞的动态描绘，有鸳鸯慵睡的静态写照。从《画鸡》

这首诗中了解色彩对比的表现方法。同时通过欣赏唐寅《山路松声图》和《西洲话旧图》引导学生了解欣赏国画的基本方法，以提高学生的审美能力。

3. 诗歌小贴士

这个板块主要是介绍一些课外诗歌小知识，比如题画诗、山水诗、扬州八怪等等。借以开阔学生视野，提高学生鉴赏诗歌的能力。

4. 文人故事交流会

这个板块主要是让学生通过自评、互评、师评三个维度来检测是否掌握所学的文人故事知识，提高学生的表现力和表达能力。

故事交流评价表

评价内容	☆☆☆☆☆	☆☆☆	☆☆
自评☆☆☆☆☆	a 背诵流利，自信大方。 b 介绍清晰，表达流畅。 c 评价他人，文明有礼。	a 能较完整背诵诗句。 b 保持较为端正的姿势，表达时注意力比较集中。 c 评价他人，文明有礼。	a 需要提醒背诵诗句。 b 表达时完全不能集中注意力。 C 评价他人害羞，缺乏自信。
互评☆☆☆☆☆			
师评☆☆☆☆☆			

学习文人故事之后，再学习相应的国画技法。

1. 学画有诀窍

老师分步骤教学示范，学生仔细观看，掌握绘画燕子和公鸡时握笔、起笔、运笔和用色技巧。

2. 临摹练习我能行

学生自主练习，老师个别指导。

3. 评议绘画小佳作

通过自评、互评、教师点评，让学生把已掌握的欣赏方法运用到评价中，提高鉴赏能力。

评议绘画评价表

评价内容	自评	伙伴评	师评
1. 坐姿端正，握笔正确。	☆☆☆☆☆	☆☆☆☆☆	☆☆☆☆☆
2. 构图，颜色。	☆☆☆☆☆	☆☆☆☆☆	☆☆☆☆☆
3. 评价他人，文明有礼。	☆☆☆☆☆	☆☆☆☆☆	☆☆☆☆☆

二、案例反思

朱永新教授曾说：教师是一根扁担，一头挑着课程，一头挑着生命。每个学生都是不同的种子，课程则是土壤和营养，只有课程丰富了才能适合各种学生的成长。

《国画入门与文人故事》将美术和文学阅读相结合，教师引导学生进行传统文学的阅读和鉴赏，一方面提高了学生对中国传统诗词的了解和积累，另一方面通过交流互动提高了语言表达能力和审美能力。课堂上，通过诵读经典开阔学生眼界并传承中华传统，通过欣赏国画佳作提高学生审美情趣，通过临摹交流打开学生的想象思维空间。整个课堂灵动开放，学生愿学、乐学。

对于这门课程中如何将美术与传统文化进行更好的融合，把课程做得更完善，我有以下几点思考：

（一）关于课程

作为一线教师开设拓展性课程，要更多地了解课程的定义及内涵。……夏志明老师对于课程是这样诠释的：课程就如同一根神奇的线，把生活中的一切华丽碎片，编织成更有教育效益的整体。的确，作为语文教师在开设拓展性课程过程中，需要将碎片化的内容进行有机整合，重构出适合自己的课程内容和体系。

（二）从何入手

首先，开设拓展性课程应该根据教师自身的兴趣爱好，在擅长的领域挖掘相关内容，将其进行整合。比如《国画入门与文人故事》由语文老师和美术老师共同执教，除了以传统诗歌为融合切入点外，还可以针对不同特点的年级学生将课程体系进行重新划分为：《软笔提款与经典诵读》《山水画与山水诗》和《工笔画与书画名家》等等，然后将内容继续细化、完善，成为统一类型的课程体系。

（三）教学方式

拓展课教学目标的定位，对学生能力的提升等方面与日常美术课、语文课有所不同。拓展课是教材内容的延伸与拓展，教师对主题筛选改进，比如：诗歌的选择要贴合所学国画主题，讲解诗歌时侧重对诗歌内容、情境上的介绍之外，还要更多考虑相应诗人的故事和作品，尤其是书画作品的欣赏指导；其次，在学生背诵古诗的基础上，要求学生能够提高鉴赏诗歌和书画作品的能力，对传统文化和精神进行有效把握和继承。

“人薄课就薄，人厚课就厚”！要独立开设拓展性课程需要思考的问题还有很多很多，需要学习的还有很多很多……

我的成长故事

龚艳辉

每个人的成长都是不同的，但相同的是，每个人的成长都是幸福、快乐的，也是坎坷的，充满烦恼的。我大学就读装饰画专业，特别喜欢以人物为题材的作品，例如画家丁绍光、赵宋生大师的现代重彩画。丁绍光先生作品中的人物造型具有纤细修长的美感，赵宋生老师的画清朗娟秀而又缤纷绚烂、质朴自然。我学习、借鉴他们的风格，以漆入画，漆画作品《牧歌》、漆盘《争艳》，分别入选闵行区级教育画展、闵行区小学美术教师专业技能沙龙展。

有一次，参观恩师的漆画作品展，当我看到《字. 言 NO. 2》时，突发奇想：如果以书法字体的形式写出来，效果会如何？于是，当即萌发了学书法的愿望。正巧我校成立书法创新实验室项目，我有幸成为了其中一员。学校提供给我多次校内、校外书法教研的机会。另外，我在工作之余报名参加了书法培训。一开始学的是欧体楷书，它严谨方整，精气内敛。力求点画滋润饱满，骨坚肉润，避免过于瘦硬而显露骨之病，适当强化横画的左低右高效果，体味其结字险绝。但理论铭记于心，写出来却大相径庭。要么字字平整，笔笔均匀，要么中宫松散，字形坍圮。为此，我烦恼不已。常常有种弃之不顾的冲动。只得暂时换成隶书，隶书比楷书简单，容易掌握。经过努力，我重拾信心，我的隶书作品在市区级比赛中获奖和发表。

坚持终于收获了成功。于是，我有了第一次的节临九成宫和欧体创作，再后来的临习天下第一行书王羲之《兰亭集序》和第三大行书之一——苏轼的《寒食帖》、赵孟頫的《后赤壁赋》和草书——孙过庭的《书谱》。到备考书法9、10级考试，其中一首诗要用楷书、隶书、行书三种字体创作，我夜以继日，不停练习，顺利通过书法10级考试。与书法项目共同成长了三年，成功激励了我的求知欲，如果有一天，能在自己的国画作品上落款，岂不妙哉？于是，我又开始了学习中国画，前不久学校还组织了我们学习篆刻，也许未来我还要学习篆刻呢！在书法创新项目组里，大家互帮互助，其乐融融，我对自己信心满满，人生之路漫漫兮，唯有不断努力为上。

得益于学科融合，紫小老师们在各类书画比赛活动中屡创佳绩。

教师获奖表

2020.8.30	语文	宋峥嵘	上海市闵行区教师教学小课题研究成果评选	三等奖	区级	上海市闵行区教育学院
2020.8.30	英语	姚琼霞	上海市闵行区教师教学小课题研究成果评选	三等奖	区级	上海市闵行区教育学院

续 表

2020.8.30	语文	王欢欢	上海市闵行区教师教学小课题研究成果评选	三等奖	区级	上海市闵行区教育学院
2020.11	语文	宋峥嵘	2020 年闵行区书法美育特色联盟师生书法比赛	三等奖	区级	上海市闵行区青少年活动中心
2020.11	语文	魏静姝	2020 年闵行区书法美育特色联盟师生书法比赛	二等奖	区级	上海市闵行区青少年活动中心
2020.11	书画	冯倩	2020 年闵行区书法美育特色联盟师生书法比赛	二等奖	区级	上海市闵行区青少年活动中心
2020.11	美术	龚艳辉	2020 年闵行区书法美育特色联盟师生书法比赛	一等奖	区级	上海市闵行区青少年活动中心
2021.4	书法	孙馨妍	2021 年闵行区教育系统教工书法板书大赛	一等奖	区级	闵行区教育局

二、教育有方略，课程更多彩

书画知识博大精深，包含着深厚的文化内涵。我们的书画文化育美课程向学生传递的信息包括：汉语、汉字、历史、美学、书画技法等等诸多方面。因此，学生在学习的过程中，了解诗书画印的演变历程，以小见大，加深对中国传统文化的了解，激活学生的内生动力和创新能力。课程的开发提高了教师的课程领导力和创造力，实现了从“丰富课程内容”到“体现育人功能”，再到“凸显主体实践”课程价值的转变。

1. 课程开发升级，打造文化涵养生长链 1.0—3.0 版

开办初确立继承发扬中国书画文化的教育目标，努力在软硬件的建设上，发展美育教育；之后依托书法实验室的打造，建构和完善校本课程的开发、实施与评价；现在，又以书画文化育美课程与学校教育教学生活融通的育人体系建设，实现传承与传播中国传统文化，让书画走进家庭，走进社区，走向未来。从 1.0 到 3.0 的课程升级，学校美育教育的理念在

每位老师的头脑中得到了升华，成效也就有了更大的提升。

以毕业季课程中相关“书法、国学”的系列活动为例，主要可以分为：

（1）自然气象与书法中的世间百态的合理整合，引导学生感知学科间的融通。通过自然界中事物和篆书、草书的欣赏，让学生重温造字的六种方法，熟知毛笔书法的重要组成部分——线条、章法、结构的出处。鸟虫篆、狂草——线条楷书作品、草书作品、隶属作品对比——章法。

（2）自然变化与书写中的字体表现的趣味链接，引导学生发现自然的美。既然书法是世间万物在纸上的静态反映，对于低年段的小学生来说，认真观察大自然、发现大自然的美便成了培养学生审美意趣的首要前提。例：观察蚯蚓——无足之虫，体会笔画的力量。

（3）汲取各家文化与书家书写心情产生共鸣，引导学生发现书法中的情感。书法和京剧、太极、中医药等都有着千丝万缕的联系。让学生从中体会京剧的韵律和节奏；太极的呼吸，屏气；中医药的文火慢炖的道理。

正如习近平总书记强调：“对中国人民和中华民族的优秀文化和光荣历史，要加大正面宣传力度，引导我国人民树立和坚持正确的历史观、民族观、国家观、文化观，增强做中国人的骨气和底气。”我们的校本书画文化育美课程选取中华传统文化相关内容，通过合理的课程梯度，意在面对多元文化思潮的冲击，引导小学生树立正确的民族观、国家观、历史观，形成对中华文化的归属感和认同感。因此，执传统文化之密钥，做新时代的引路人，打造有涵养的小学书画文化育美课程，形成生长链，培养具有传统文化根基的现代公民，我们一直在路上！

2. 师生家社共学，形成书画学习同心圆

学校书画项目的研究实施，为教师提供了发展与合作的平台，挖掘出了教师不断生长的内驱力，为教师实施“自我更新”奠定了基础，为教师专业成长提供了优质的环境。通过全员参与、书画自选的系列校本培训，全体教师在“毛笔字、钢笔字、粉笔字”的能力上有了明显提升。学校以书画课堂教研为契机，开展跨学科教研，号召全体老师共同行动起来，学科渗透融合，实现互促共进。书画项目核心组的成员们不断挖掘出自身的专业潜能，使专业水平迅速发展，纷纷在市区级专业比赛中获得一二三等奖。

学校处处可见“师生优秀书画展示”，营造浓厚的书画学习氛围，给学生以潜移默化的影响。不但如此，每个班级也设有“优秀作品”专栏，使学生们体验成功的快乐，激发对书画学习的兴趣。校园处处是课堂，面面墙壁都育人。这些都激荡出了教师、学生不断学习的内驱力：教师静心拜读名家的书籍，静心临摹大师的碑帖，精心绘制富有创意的个性作品……她们的学习转化为教育教学的用心传递，提升了自我修养，历练了课程领导力，在合作研究中，实现了教师团队的共成长。

学校创设的各种书画综合活动，让家长与孩子共同参与，将书画教育向家庭、社会推广，有效促进了社会文化的发展。这些活动形式多样，内容丰富，让孩子们不仅学习了技法，更多感受到的是中国书画的文化精髓，学习书画大家的高贵德行和高超技艺。

学校的书法教育做到三个结合，即“软硬”结合、课内与课外相结合、普及与提高相结合。每周每个班级的学生都有一节书法创新实验室书法课。书法教育成为学校美育工作的重要抓手，与校园四季德育活动相结合，学习软笔书法与硬笔书法。开学典礼书长卷，圣诞新年观书画，成长节点做印章，六一游园创书画，结业典礼写扇面……从校内的书画小课堂，走向校外天地间的大课堂。在普及书法教育的工作中，调动家长资源，丰富课程活动；动员家长共书，创评书香家庭，被评为上海市家庭教育示范校。专家、教师、学生、家长……多方联合，构成了紫竹小学书画教育工作的同心圆。现在，我们的书画创新实验室对华二附属初中开放，我们的课程成果也在学校少年宫得到辐射和推广，书画教育让我们向着优质办学的目标迈出了一大步。学校也被评为“上海市书法实验学校示范校”。

三、办学传大爱，新韵创品牌

1. 学校发展

学校特色建设是一个整体优化的系统工程，具有长期性、系统性和创新性，需要几年甚至十几年的努力和积淀。我校借助四方联动的办学模式，让审美教育与文化传承有机融合，落实到具体的、日常的课堂与课程的校本化建构、教学与评价中，使课程更具系统性、融合性和特色性，使教学更具包容性、浸润性和体验性；评价更富童趣、智趣、雅趣，使育人工作更具协同力。注重作品的制作创新，将审美认知转化为师生的外化行为、固化为学校的教育教学制度；将审美情趣转化为师生的精神风貌；将审美创造转化为师生对美好生活的品质追求。

学校将书画文化教育融入日常，近两年精心设计系列主题活动达42次，包括五年级毕业书画展、全校师生书画大赛和“优良家风”书画活动11次；假期书画实践和日常校园书画体验活动11次，教师体验、名家进校指导以及国内外参观研学20次。

2. 社会盛誉

书画乐七彩丹青歌盛世，翰墨缘笔墨互动书豪情。学校的办学成果先后获得区内办学绩效一等奖，学习强国、《闵行教育》先后展示了学校教师和学生以书画文化育美课程为依托制作的微课程，市、区领导多次莅临学校观摩。学校每学期作为闵行教育对外接待的学校，接待国内外交流访问。可以说我校已经成为百姓心中“家门口的好学校”的代表之一。

今后，我校会继续把书画教育活动广泛地开展下去，为传承民族艺术、发扬传统文化，走出一条真正的有特色的教育之路而努力不息。在全体师生的共同努力下使校园翰墨飘香，让我们的孩子拥有诗意童年，成就自己的七彩人生。

结语

一、雅正立德，创艺树人的书画教育理念已然生根开花

经过几年的探索性、创新性实践，融合“学校让生命更灵动”的核心办学理念的书画教育文化已经在华师紫小形成，“雅正立德，创艺树人”的理念在师生们的心中得到培植，学校已经走出了一条“以书画创新实验室为载体，以《天地人事》书画校本课程为内容，以师生共同体验创新为方式”的特色发展之路。

我们立足校本特色，充分挖掘地域资源进行的书画项目研究，促进了学校书画教育特色发展，提升了教师书画教学专业能力，使大家对核心知识解读更加精准，关键技能演示更加规范，序进课程设计更加有效，传统文化融入更加自然；课程实施也充分激发了学生的创新意识，让学生成为传承与传播中国书画文化的小使者，让书画文化走进家庭，走进社区，走向未来。

1. 优化顶层设计，让项目面向现代与未来

书画项目的实践研究为师生全面而有个性地成长提供了教育支持。我们坚信以书画来育人，只要找对路径，做优顶层设计，做强课程设置，做好行动研究，做实评价激励，必有新的突破。

2. 精磨课堂教学，让项目切实落地与生花

当然，书画教育的落实不是一朝一夕的，需要时间，需要各方助力，也

需要坚持做好各阶段的规划与研究。书画文化育美课程建设是一个不断更迭与完善的持续过程，在过程中，教师要根据学生的不同学习程度进行分层设计与教学，既要对所有学生做好普及性的学习，激发对书画艺术之兴趣，又要对书画学优生给予更高层次的培养，使其出类拔萃，绽放光芒；还要及时捕捉实践中出现的问题，思考对策，及时纠偏调整，并再度付诸实践，重新检验……如此循环往复，才能让课程日趋完善，才能培育出“博雅教师”与“乐创学子”。

二、反思：由“全”到“精”，由“实”到“美”

我们的研究，立足校本，充分挖掘了地域资源；我们的研究，立足教师，充分促进了师资队伍优化；我们的研究，立足学生，充分激发了学生的创新意识；我们的研究，走进家庭，有效加强了书香家庭的建设；我们的研究，走入社区，有效引领了社会文明的审美情趣；我们的研究，走向未来，有效培育了充满文化自信的一代新人。

“路漫漫其修远兮”，今后我们将以专业为引领，构建好“诗书画印”这一特色品牌课程，用书香翰墨为学生传播成长中的快乐！

1. 由“全”到“精”，将设计落到实处

进一步做好顶层设计，不仅让全体师生全面参与书画项目研究，而且做到精细化和精致化，踏踏实实走好每一步。都要前移后续，精磨课堂教学，让课程日趋完善；还要做好及时调研与完善档案。

2. 由“实”到“美”，让书画走向未来

进一步做好个性化教学，在普及性学习的基础上，对书画学优生给予更高层次的培养，引导他们化兴趣为志趣，以工匠精神主动创造；进一步研究评价改革，以达成更高更美的“博雅教师”与“乐创学子”之目标；进一步整理书画研究成果，汇编成书，发挥示范辐射作用，让书画教育项目成为紫小人生命成长历程中最美的一道彩虹。

方寸之间，蕴含无穷奥秘；泼墨挥毫，展现中国自豪。师生、家校沉浸

于“心手双畅，形诸刀笔”的创造美的学习中，一笔一画写“人”字，丹青画“竹”敬大师，一刀一寸刻“心”印，翰墨凝“爱”创新诗。

未来，我们将以示范性学校的新身份，继续做优书法教育，做优美育教育，培养出热爱祖国文字，热爱中国传统文化的紫竹少年。

参考文献

[1] 派纳，等. 理解课程（下）[M]. 上海：华东师范大学出版社，2003：689.

[2] 焦健健. 课程设计价值取向研究[D]. 济南：山东师范大学，2001：1.

[3] 贾炜. 在润物无声中提升文化自信[J]. 上海课程教学研究，2017(6)：7—8.

[4] 钟启泉.《基础教育课程改革纲要（试行）》解读[M]. 上海：华东师范大学出版社，2001：390.

[5] 施良方. 课程理论[M]. 北京：教育科学出版社，1996：125.

[6] 钟启泉. 读懂课堂[M]上海：华东师范大学出版社 2015：115.

[7] 吴刚平. 知识分类视野下的记中学、做中学与悟中学[J]. 全球教育展望，2013(6)：10—17.

[8] 马利国，李鼎. 创新实验室之我见[J]. 中国教育技术装备，2011(6)：9—11.